Peter Becher

Unter dem Steinernen Meer

Ein deutsch-tschechischer Roman

Vitalis

Wir alle können nicht wissen, wie wir in den gegebenen Fällen handeln würden, weil wir nicht wissen, welche unbekannten Tiere durch die schreckliche Gewalt der Tatsachen in uns empor gerufen werden ...

Adalbert Stifter, *Zuversicht*

Inhalt

Gewidmet dem Andenken an Haro Senft (1928–2016), der mit Worten und Filmen zu erzählen verstand und mir Gestalten seiner Kinder- und Jugendjahre in Budweis und Krumau so lebendig vor Augen führte, als ob ich sie selbst erlebt hätte.

Herausgegeben mit freundlicher Unterstützung des Deutsch-Tschechischen Zukunftsfonds.

DEUTSCH-TSCHECHISCHER ZUKUNFTSFONDS
ČESKO-NĚMECKÝ FOND BUDOUCNOSTI

© Vitalis 2022 • Deutsche Originalausgabe • Umschlagabbildung: Jan Salomon, Blick auf den Budweiser Marktplatz mit dem Samsonbrunnen und dem Schwarzen Turm im Hintergrund • Hergestellt in der Europäischen Union • ISBN 978-3-89919-646-7 • Alle Rechte vorbehalten

www.vitalis-verlag.com

Mai 1991

Unerwarteter Schneefall

Als sich der Wirt des Steirischen Jockl am späten Vormittag aus seinem Wagen hievte und zu der Stiege stapfte, die auf die Holzterrasse seines Gasthauses hinunterführt, ärgerte er sich noch immer über seine Frau. Es war nicht das erste Mal, dass sie das Haus für den Saisonbeginn am 1. Mai hergerichtet hatten und von einem plötzlichen Schneefall überrascht worden waren. Damit musste man rechnen in den Bergen bei 1400 Metern, auch in der Steiermark. Seine Frau aber hatte sich immer stärker aufgeregt. Was für ein Verlust, das ausbleibende Geschäft des Feiertags, die Mühe, die sie aufgebracht, und was für eine Gefahr, dass irgendjemand einbrechen und etwas stehlen könnte, wenn das Haus unbeaufsichtigt blieb. Ja, das konnte passieren und noch viel mehr, und war doch noch nie passiert, so lange sie das Gasthaus pachteten.

Sie hatte so lange auf ihn eingeredet, bis er in den Wagen gestiegen und losgefahren war, um ihre Sorge zu beruhigen, wenn er ehrlich war, um sie nicht mehr zu hören. Wie schön hatte die letzte Aprilwoche begonnen, die Luft würzig und warm, die Wiesen voller Gänseblümchen und Löwenzahn. Am letzten Tag jedoch hatten sich die Wolken über Passail zusammengezogen und über die Berghänge eine feine, immer dichtere Nebeldecke herabgedrückt, bis kein Unterschied mehr auszumachen war zwischen Häusern, Straßen und Gedanken. Das Tageslicht war nur noch ein diffuses Schimmern, das mehr vom Boden als von der Höhe zu kommen schien. Und in dieser schillernden Gegenstandslosigkeit stürzte am Nachmittag plötzlich die Temperatur. In wenigen Minuten bildeten sich überall Kristalle, die im Licht der Autoscheinwerfer fahl funkelten, an Türklinken, Fenstersimsen, Regenrinnen und Straßenschildern. Wo auch immer sich ein Rest an Feuchtigkeit erhalten hatte, in jeder Mulde, jeder Ritze zwischen den Pflastersteinen glitzerten die Kristalle und verbanden sich zu eisigen Flächen, auf denen die Menschen ausrutschten und hinfielen. Tapsend und schwankend, jedes Geländer und jeden Zaun als Stütze nützend, suchten sie die rettenden Eingänge von Geschäften und Cafés. Als die Winterdienste endlich ausfuhren und mit gelben Warnlampen Salz auf Straßen und Gehsteige streuten, begann es zu schneien, und während die Flocken immer dichter fielen, senkte sich die Abenddämmerung über den Ort und löste das schillernde Licht ebenso unmerklich auf, wie es entstanden war.

Vielleicht war es dieses diffuse Licht, das seine Frau so aufgeregt hatte, vielleicht der plötzliche Temperatursturz. Am Morgen des ersten Mai war der Garten unter einer weißen Decke verschwunden, und aus dem grauen Himmel schwebten in aufreizender Langsamkeit Schneeflocken, so groß, wie sie nicht einmal zu Weihnachten gefallen waren. Da musste man natürlich zum Gasthaus hinauffahren und nachschauen, ob sie womöglich vergessen hatten, das Wasser abzudrehen, die Fensterbalken zu schließen oder den Kanister mit dem Öl für den Generator abzusperren. Missmutig hatte sich der Wirt in sein Auto gesetzt und war losgefahren, die verschneite Straße zur Teichalm hinauf, auf der kein anderes Auto unterwegs war. Der Schnee lag Zentimeter hoch, die Scheibenwischer schlugen und haschten nach den Flocken, die immerzu fielen und fielen, links und rechts die verschneiten Fichten, im Rückspiegel die Reifenspuren, die sich schon nach wenigen Metern im Schnee verloren.

Auf dem Parkplatz am Teichalmsee blieb er stehen und überlegte, ob er wirklich weiterfahren sollte. Solange er den Weg am Mixnitzbach entlangfuhr, würde der Schnee keine Probleme bereiten, wenn es dann aber über die Lärchenwiese hinaufging und die letzte Steigung vor dem Gasthaus zu nehmen galt, was wenn er da steckenblieb und nicht mehr weiterkam? Sein Missmut verwandelte sich erneut in Ärger, und der Ärger wurde so heftig, dass er einen roten Kopf bekam. Wütend stieg er aus und stapfte zum Teichwirt hinüber, der mit seiner Frau in der Küche saß und ihn erstaunt willkommen hieß. Natürlich könne er hinauffahren, er werde es schon schaffen mit den Ketten und dem Vierradantrieb, und sollte er wirklich stecken bleiben, würden sie Hilfe schicken, darauf könne er sich verlassen. Zuerst aber müsse er einen Kaffee mit ihnen trinken, zum Aufwärmen, und hinterher zur Beruhigung einen Schnaps. Der Kaffee lief ihm warm durch die Speiseröhre, der Schnaps wärmte noch mehr, aber der Ärger wollte sich nicht legen.

So war er weitergefahren, entlang des Mixnitzbaches zur Lärchenwiese und weiter zu seinem Gasthaus hinauf, ohne ein einziges Mal stecken zu bleiben oder durchzudrehen, hatten die Räder ihr Profil in den Schnee gedrückt und seinen Wagen hinaufgezogen. Jetzt stand er an der Stiege und schaute über die verschneiten Stufen auf die Terrasse hinunter. Überall lag Schnee, auf allen Bänken und Tischen, auf dem Geländer, auf dem Dach der Hütte neben dem Abstieg zur Wallfahrtskirche von Schüsserlbrunn, auf Brettern und Dielen, eine weißgraue Masse, die alles bedeckte und versteckte, alle Kanten und Ecken, alle Spuren von Schimmel und Verwitterung. In diesem Augenblick riss die Wolkendecke auf und gab ein blaues Himmelsfenster frei, aus dem die Strahlen der Sonne auf die Terrasse herunterschossen und den

Schnee in einen gleißenden Teppich verwandelten. Das Glitzern und Glimmern blendete so stark, dass er die Augen schloss und blinzelnd wieder öffnete, die vertrauten Konturen hinter einem flimmernden Schleier mehr ahnend als sehend, das Geländer, Tische und Bänke, die Schneeverwehungen, die bizarre Figuren bildeten, Hauben und Brücken, einen Schneepalast mit Zinnen und Mauern, die kreuz und quer über die Tische liefen, einen Eisbären, der auf die Platte gesunken war, die Pfoten wie zum Schutz über dem Schädel verschränkt, eine weiße verwehte Figur, aus der unter dem Tisch die länglichen Gebilde menschlicher Beine herausragten, die in unverkennbar echten Wanderschuhen steckten.

Mit einem Schlag war der Wirt hellwach, verschwand alles Flimmern und Glitzern vor seinen Augen, sah er nur noch diesen einen Tisch, und auf dem Tisch keine Fantasiegestalt mehr, sondern einen wirklichen Menschen, der hier saß, vornübergekippt und vollständig bedeckt vom Schnee, ein Mensch, der sich nicht rührte und nicht atmete, der hier stundenlang gesessen sein musste, womöglich von der Nacht, von der Kälte überrascht, der sitzen geblieben und erfroren war. Hellwach stand der Wirt da und starrte den Toten an, zu keiner Bewegung fähig, ein Toter auf seiner Terrasse, ein Einbrecher, wie seine Frau befürchtet hatte, ein Wanderer oder womöglich ein Mensch, den jemand umgebracht hatte. Plötzlich sah er sich selbst wie in einem Spiegel, eine Hand auf dem Geländer, Schritt um Schritt die Stiege hinunterstapfen, überlaut der knirschende Schnee unter seinen Schuhen, sah er sich auf den Tisch zu gehen und über die Gestalt beugen, ohne Zweifel ein Mensch, und lauschen, ob nicht ein Atmen zu hören, ganz nahe sein Ohr über dem Kopf, dieses glitzernde Weiß, diese Stille unter dem Schnee, keine Bewegung, keine Spuren, nichts.

Langsam richtete er sich wieder auf und ging um den Tisch und die Bänke herum, zur Stiege zurück, hinauf zu seinem Auto und setzte sich hinein. Die Tür weit offen, die Hände auf das Lenkrad gestützt, blieb er minutenlang sitzen und starrte durch die Scheibe. Ein Toter auf seiner Terrasse. Überdeckt vom Schnee. Vom plötzlichen Schneefall der Nacht. Das hatte es hier noch nie gegeben, das hatte er noch nicht erlebt. Endlich raffte er sich auf, zog die Türe zu und startete den Motor. Das musste er sofort der Gendarmerie melden. Und dem Teichwirt. Und seiner Frau. Was für ein Tag, dieser 1. Mai des Jahres 1991.

Wien, Schwarzenbergplatz

Thomas Tomaschek hatte seinen Vater seit Jahren nicht mehr gesehen. Sie waren im Streit auseinandergegangen, und die Erinnerung daran war immer noch so stark, dass er die Nachricht wie einen letzten Schlag empfand, eine Demütigung, der er nichts entgegenzusetzen hatte. Die Stimme seines Bruders erreichte ihn am frühen Abend in der Kanzlei am Schwarzenbergplatz. Es hatte bereits zu dämmern begonnen, durch das schräggekippte Fenster drangen die Geräusche von Autos und Straßenbahnen. Er schaute auf den Platz hinunter und beobachtete einen Fußgänger, der am Schwarzenbergdenkmal vorbei zur Prinz-Eugen-Straße ging. Ein paar Minuten noch, dann würde auch er zu den Passanten zählen, auf dem Kärntner Ring zur Oper schlendern, ein paar Minuten dem Zufall, einer Stimmung, dem Parfum einer Frau folgen, das sich mit der lauen Luft des Maiabends mischte. Im Café Tirolerhof wartete eine Runde alter Studienfreunde. Hier trafen sie sich regelmäßig nach der Arbeit und trennten sich fast ebenso regelmäßig wieder nach einer halben Stunde.

Sein Bruder sprach so leise, als ob er Angst hätte, diese Stimmung zu stören. Überdeutlich hörte Thomas die Geräusche des Verkehrs, wie verschleiert sein Spiegelbild im Fenster, die Schreibtischlampe, das Telefon.

Letzte Woche hat man ihn gefunden, auf der Terrasse vom Steirischen Jockl. Er soll im Weizer Familiengrab beigesetzt werden.

Da rufst du erst jetzt an?

Er hatte keine Papiere bei sich. Es hat gedauert, bis man wusste, wer er ist.

Und warum nicht in München?

Es gibt ein Testament. Er hat es ausdrücklich gewünscht.

In Weiz also, dachte Thomas, in der Steiermark, wo ihre Mutter herstammte. Was schwirrte da nicht alles durch seinen Kopf! Endlose Wanderungen, verschwitzte Hemden, Kuhglocken, der Harzgeruch gefällter Fichten, Namen, die untrennbar mit seiner Kindheit verbunden waren: Brandlucken, Eibisberg, Sommeralm. Seit letztem Sommer war ihr Vater fast ständig dort, seit seiner Entlassung aus dem Krankenhaus. Nicht einmal zu Allerheiligen hatte er das Großelterngrab im Münchner Waldfriedhof besucht, jahrelang ein Pflichtprogramm, dem sich niemand entziehen durfte.

Er wollte anscheinend zum Hochlantsch hinauf, sagte Andreas, da hat ihn der Schnee überrascht. Als man ihn fand, war es schon zu spät.

Er hätte nicht allein gehen dürfen, sagte Thomas, nicht nach dieser Geschichte im vergangenen Sommer!

Wer hätte ihn aufhalten wollen, etwa du?

Nein, er wäre der letzte gewesen, der das versucht hätte.

Wirst du kommen?

Was denkst denn Du, sagte Thomas und legte auf.

Nach diesem Anruf war er unfähig, die Kanzlei zu verlassen. Unbeweglich stand er vor dem Fenster. Der Himmel über den Dächern verdunkelte sich zunehmend, aber kein Stern zeichnete sich ab, nur eine glatte, blauschwarze Fläche. Diese verrückte Idee, über die Grenze zu wandern. Thomas konnte es nicht fassen. Nie hatte ihr Vater von seiner Heimat gesprochen, nie war er zu einem Treffen der Vertriebenen gefahren, nicht einmal zu denen seines Budweiser Heimatkreises. Keine Sentimentalitäten, hatte er gesagt, aus und vorbei. Und auf einmal war er losgezogen, zu Fuß über die Grenze, kaum dass der Eiserne Vorhang gefallen war. Aber warum, warum nur?

Wenn er von den steirischen Mittelgebirgen schwärmte, sollte er damit womöglich seine Heimat gemeint haben, er, dem man sonst jedes Lob hatte abringen müssen? Hatte es vielleicht mit seiner Herkunft zu tun, dass er ihre Mutter hier gesucht und gefunden hatte, dass er immer wieder im Bayerischen Wald, im Mühlviertel, im Grazer Bergland gewandert war, niemals auf höhere Berge, niemals in südliche oder nördliche Gegenden Europas gefahren war?

Es war doch total verrückt, bis nach Budweis zu marschieren, in dieser Hitze und in diesem Alter. Die aufgelöste Stimme seiner Mutter, als sie mitteilte, dass der Vater in einer Budweiser Klinik liege. Das war so absurd, als ob sie behauptet hätte, er wäre auf einer Parkbank in Paris gefunden worden. Aber es hatte gestimmt, er war über die Grenze, er war bis nach Budweis marschiert. Einen halben Tag ohne Bewusstsein, man hatte ihn künstlich beatmen müssen, und später hatte er weder sagen können, was passiert war, noch wo er sich befand. Nur diese tschechischen Worte, „ale nemůžu, nemůžu …“, worauf sich niemand einen Reim machen konnte.

Thomas starrte durch das Fenster. Vor zehn Jahren hatte er seinen Vater zum letzten Mal gesehen. Nun würde er ihn nie mehr sprechen. Das war wie ein letzter Schlag, den er nicht erwidern konnte, obwohl er jeden Schlag zurückgegeben hatte, jeden einzelnen Schlag, soweit er sich erinnerte. Es war eine harte Beziehung gewesen, eine Kette von Auseinandersetzungen, zwischen denen brüchige Zeiten der Versöhnung lagen. Freundliche Worte, förmliche Umarmungen, denen schon bald neue Sticheleien und Provokationen folgten, die sich wie von selbst zu gezielten Schlägen und Demütigungen steigerten. Bis zu jener letzten Auseinandersetzung, die den endgültigen

Bruch gebracht, bei der sie sich so laut angeschrien hatten, dass seine Mutter einen Weinkrampf bekommen und Andreas zwanghaft zu lachen begonnen hatte.

Je intensiver Thomas an diese Auseinandersetzung dachte, umso deutlicher zeichnete sich die Szene hinter dem Fenster ab: Die schmale, hagere Gestalt seines Vaters, seine scharfen Gesichtszüge, die geröteten Wangen, die zusammengewachsenen Augenbrauen, das kurz geschnittene weiße Haar. Eine Hand auf den Tisch gestützt, die andere gegen ihn gerichtet. Als ob ein Film abliefe, so deutlich sah Thomas die Szene, nur der Ton blieb aus, sein Vater hatte keine Stimme. Umso grotesker alle Bewegungen, das tiefrote, verzerrte Gesicht, der auf- und zuschnappende Mund, der Zeigefinger, der wie ein Florett in die Luft stach. Und er selbst, anfangs noch bleich und beherrscht, plötzlich zitternd, immer stärker zitternd, bis er aufsprang, den Suppenteller packte und auf den Boden knallte, dass Scherben, Nudeln und Brühe durch das Zimmer spritzten und er schreiend, lautlos schreiend zur Tür hinausstürmte. Das war die letzte Begegnung mit seinem Vater, dieses durch und durch rote Gesicht mit dem schneeweißen Haar und dem schnappenden Mund, das letzte Bild, das er von ihm besaß.

*

Drei Tage später, auf der Autobahn nach Graz, kurz vor der Gleisdorfer Ausfahrt, war die Stimme plötzlich da, die helle, harte Stimme seines Vaters, als ob er neben ihm säße:

Du rauchst wieder?

Nur dieser eine Satz, diese eine Frage, aus der kein Vorwurf klang, nur Ironie, Spott, Belustigung, ein Tonfall, der seinen Trotz anstachelte:

Ganz recht, ich rauche wieder.

Idiotisch, hörte er seinen Vater sagen, aber es ist deine Entscheidung. Ich in deinem Alter ...

Ich weiß, du hast alles besser gemacht!

... habe weder geraucht noch getrunken. Wandervogelehre, wovon du allerdings keine Ahnung hast.

Wann hatte er das gesagt, 1972, 73? Noch während er darüber nachdachte, hörte er die Stimme seines Vaters hinter sich, als ob sie sich verdoppelt hätte:

Ich hab dir schon einmal gesagt, dass ich diese Musik nicht leiden kann! 1968, als er sich eine Platte von den Rolling Stones gekauft hatte.

Neger- und Buschmusik, rief die Stimme neben ihm.

Außerdem, ergänzte die Hinterstimme, zerstört sie deine Ohren.

Die alten Vorwürfe, der alte Streit.

Da brauchst du gar nicht zu lachen, meinst du, ich sehe das nicht?

Lass ihn doch, rief die Hinterstimme, er glaubt, dass er keine Ratschläge braucht. Dabei ist er jetzt schon halb taub. Ich in seinem Alter hab jede Vogelstimme gekannt. Und Mozart, bis nach Prag sind wir in die Oper gefahren. Und nach Linz. Und einmal sogar nach Wien. Das war ein Genuss!

Ein Ohrenschmaus!

Thomas blickte auf den Asphalt der Autobahn, der unentwegt auf ihn zuschoss. Wie oft hatten sie über solche Dinge gestritten. Die kleinsten Kleinigkeiten waren zum Gegenstand ihrer Auseinandersetzungen geworden: Musik, Kleider, Möbel, Gewohnheiten, nichts war zu gering. Je älter er wurde, umso mehr verhärteten sich die Ansichten. Thomas konnte sich nicht fügen, er musste kämpfen, je ungerechter er sich behandelt fühlte, umso stärker lehnte er sich auf. Ganz im Gegensatz zu Andreas, der mit dem Vater auskam, der über seinen Schatten springen und auf ihn eingehen konnte, während sich bei Thomas sofort die Stacheln aufstellten. Gegen Ende der Schulzeit war die Spannung unerträglich geworden.

Als du meintest den Wehrdienst verweigern zu müssen, fuhr ihn die Nebenstimme an.

Den Kriegsdienst, gab Thomas zurück.

Sophistereien, hörte er hinter sich, als ob das ein Unterschied wäre. Keine Ahnung vom Krieg, aber Bescheid wissen wollen ...

Gerade weil ich diese Erfahrung nicht ...

Weil du diese Erfahrung nicht hast, solltest du den Mund halten!

Soldatische Tugenden, meldete sich eine dritte Stimme schräg hinter ihm, sich unterordnen, die Zähne zusammenbeißen, das bereitet dich auf das Leben vor.

Läuft nicht einmal zwanzig Jahre in dieser Welt herum, und glaubt, die Jahrhunderte zu durchschauen!

Deine Friedensapostel geraten schon aus dem Gleichgewicht, wenn sie ohne Regenschirm in einen Wolkenbruch geraten! Dreistimmiges Gelächter.

Lass sie erst einmal einen Winter lang im Dreck liegen, ohne Badewanne, ohne Wäsche, ohne Sonntagsbraten ...!

Friedensapostel, das hatte sein Vater oft gesagt. Nie hatte er lange gestritten. Meistens war er knapp und distanziert, ironisch und mitleidlos. Nur einmal hatte er die Beherrschung verloren, das letzte Mal. Sonst war seine Stimme immer gleich geblieben, selbst wenn er sich freundlich äußerte, lag darin ein Autoritätsanspruch, der keinen Widerspruch duldete. Seine Freundlichkeit war eine Gabe, die er reichte, ohne sich die geringste Blöße zu geben. Er war nie unvorbereitet, nie unbedacht. Jedes Gespräch musste er beherrschen, jeden Tag planen, jeden Gedanken in eine Uniform kleiden.

Deshalb hat er auch nie getrunken, sagte Thomas laut, nie improvisiert, nie gespielt, gewagt, gewettet.

Deshalb hat ihn jeder meiner Schritte verunsichert, weil da etwas war, das er nicht beherrschen, nicht kontrollieren konnte und doch ein Teil seines Lebens war: sein Sohn.

Mein Sohn will zu den Jungsozialisten gehen!

Etwas Besseres fällt ihm wohl nicht ein?

Purer Opportunismus! meldeten sich die väterlichen Stimmen, eine heller und schärfer als die andere.

Hast du nie daran gedacht, was die Leute sagen, wenn mein Sohn zu den Roten geht?

Nichts denkt er sich, tönte es hinter ihm, kritisch kommt er sich dabei vor. Gesellschaftskritisch. Und progressiv. Glaubt an der Spitze des Fortschritts zu stehen. Ausgerechnet zu den Roten mit ihren Klassenkampfparolen.

Zeitgeistzwerge!

Ja, das war eines seiner Lieblingsworte gewesen: Zeitgeistzwerge ...

... die sich als Riesen fühlen! Dreifaches Gelächter.

Siegfried in der Zündholzschachtel!

Papierdrachentöter!

Ein einziges Feuerzeug und aus der Traum!

Solltest dich mal umsehen, wie die Roten gewütet haben, in Moskau, in Ostberlin, in Prag. Die Wirklichkeit sieht anders aus als deine Theorie. Ich werde es nicht mehr erleben, aber du wirst es erleben, dass dieser ganze rote Zirkus zusammenbricht!

Und nun hatte er es doch erlebt, hatten sie es beide erlebt, und Thomas musste einräumen, dass sein Vater manche Dinge weitaus klarer gesehen hatte als er.

Erfahrungen, mein Lieber! Und wenn deine Generation keine Erfahrungen macht, dann die Generation deiner Kinder.

Jede Nachkriegszeit ist eine Vorkriegszeit. Daran wirst du noch denken, Friedensgenosse!

Hell, scharf, ironisch. Nie hatte er seinen Vater anders sprechen gehört, bis zu jenem Tag, als er die

Fassung verlor, an dem der jahrelange Streit aus den Fugen geriet, an dem er merkte, dass selbst dieser Streit eine Uniform trug, die ihn für beide, für seinen Vater wie für ihn einschätzbar machte. Plötzlich war alles anders. Dabei hatte das Gespräch ganz harmlos begonnen. Thomas hatte sich entschlossen, sein Studium in Wien fortzusetzen. Beim Mittagessen teilte er sein Vorhaben mit, nebenbei, so wie jemand mitteilt, dass er sich ein neues Buch kaufen möchte. Aber es ging nicht um ein neues Buch, es ging um viele Bücher, um einen Umzug, um ein Zimmer, um monatliche Zahlungen, um etwas, was man nicht beiläufig mitteilte, sondern ausführlich erörterte, was man nicht bestimmte, sondern worum man bat.

So, du hast also beschlossen, nach Wien zu gehen? tönte es hinter ihm.

Nach Wien? Wiederholte die Nebenstimme. Weil du auch einmal eine andere Universität kennenlernen möchtest? Weil man das heute so macht als Student?

Das ist beschlossene Sache, antwortete Thomas und war sich sofort klar, dass er das nicht hätte sagen sollen.

Nach Wien, mein Sohn hat also beschlossen, nach Wien zu gehen?

Die Hände seines Vaters zitterten, er musste den Löffel, mit dem er gerade die Suppe gegessen hatte, hinlegen. Das war noch nie passiert. Jetzt standen Thomas die Einzelheiten deutlich vor Augen: Die zitternden Hände, die flackernden Augen, das Zucken der Mundwinkel, alle diese Anzeichen einer ungewöhnlichen Erregung, die seinen Vater womöglich selbst überraschte, die er mühsam zu unterdrücken suchte. Warum hatte er das damals nicht bemerkt? Schon war das Zittern in der Stimme zu hören.

Unser Sohn hat also vor, nach Wien zu gehen? Und das teilt er uns so ganz beiläufig mit?

Was soll ich denn sonst sagen, es ist doch nichts Besonderes.

Nichts Besonderes, ach so, etwas, vorüber man kein Wort verliert, kein Wort, dass da irgendjemand sitzt und sich Gedanken macht, dass da irgendjemand Umzug, Zimmer und Verpflegung finanziert, dass da irgendjemand zur Kasse gebeten wird, dem man gerade eine Mitteilung zuwirft, so wie man ein Stück Papier in den Papierkorb fallen lässt!

Jetzt merkte auch Thomas, was er angerichtet hatte. Sein nächster Satz war der größte Fehler:

Aber was regst du dich denn so auf? Damit hatte er die Luftklappe des Ofens ganz geöffnet.

Ich reg mich gar nicht auf, niemand regt sich hier auf, niemand verstehst du, aber ich lasse mir diese Unverschämtheit nicht länger bieten! Das Gesicht seines Vaters war plötzlich so verändert, dass es ihm wie eine Fratze vorkam, hochrot die Wangen, schneeweiß die Haare, zwei schwarze Löcher die Augen. Hinter und neben ihm überschlugen sich die Stimmen, von drei Seiten hämmerten die Worte seines Vaters auf ihn ein.

Jetzt ist Schluss damit, verstehst du!

Jetzt hört die Frechheit ein für alle Mal auf!

Glaubst du im Ernst, ich lasse Dich für teures Geld studieren, damit Du mir eines Tages ins Gesicht sagst, einfach ins Gesicht, was du beschlossen hast, punktum, beschlossen und aus?

Aber ich hätte es wissen müssen. Vor Jahren schon.

Als sich mein Sohn auflehnen zu müssen glaubte.

Weil man sich sonst nicht finden kann.

Nicht verwirklichen.

Nicht leben.

Kommt ja gar nicht in Frage ...

Während sich sein Vater zunehmend in Erregung schimpfte, versuchte Thomas krampfhaft zu überlegen, was ihn so aus der Fassung gebracht haben könnte.

Ich verstehe wirklich nicht, warum du dich so aufregst. Ich wollte doch nur sagen ... Das war sein dritter Fehler.

Du hast jetzt gar nichts zu sagen, ich werde dir etwas sagen und du hältst gefälligst den Mund! Verstehst du? Wenn du nach Wien gehen willst, dann geh doch nach Wien. Aber glaube nicht, dass ich dir auch nur einen Pfennig zahle. Wenn du so selbstherrlich entscheiden kannst, dann kümmere dich gefälligst selbst um dich!

Ich habe es ja kommen sehen, die ganze Zeit schon, seit dich die Musik vertrottelt hat!

Von einem Musiktrottel über einen Friedenstrottel zu einem Rotfronttrottel, das war dein Weg, ein einziger Abstieg in Gefühlsarmut und Rücksichtslosigkeit!

Thomas zitterte plötzlich, so wie damals, als sich diese Auseinandersetzung ereignet hatte. Vor ihm befand sich nicht mehr die Autobahn, vor ihm stand sein Vater, der sich erhoben hatte, eine Hand auf den Tisch gestützt, die andere durch die Luft stoßend. So hatte sein Vater ihn noch nie angeschrien, so hatte ihn überhaupt noch nie jemand angeschrien. Von allen Seiten gellte ihm die helle, scharfe Stimme ins Ohr:

Geh nur!

Je eher, desto besser!

Dann muss ich dich nicht mehr sehen!

Und nicht mehr bezahlen!

Dann kannst du schauen, wie du in Wien über die Runden kommst!

Dann kannst du mit deinen Rotfrontfanatikern und Friedensaposteln diskutieren so viel du willst.

Aber nicht bei mir!

Bei mir nicht!

Verstehst du?

Thomas Hände zitterten so stark, dass er unwillkürlich nach dem Suppenteller griff. Plötzlich schoss ihm das Blut in den Kopf. Eine Hitzewelle stieg durch seinen Körper, dass er nichts mehr empfinden, nicht mehr denken konnte.

Ich gehe schon, hörte er seine Stimme schreien, die nicht mehr seine Stimme war, zwei fremde Hände packten seinen Teller und stießen ihn mit solcher Kraft auf den Boden, dass das Porzellan zerbrach, die Suppe und die Nudeln durch das Wohnzimmer spritzten. Ein Mensch, der nichts mehr mit ihm zu tun hatte, rannte aus dem Zimmer und knallte die Tür zu. Hinter ihm hupte ein Auto, mit aller Kraft riss er das Lenkrad herum, schlagartig war die Autobahn wieder da, ein Parkplatz, in den er hineinfuhr, ein Augenblick, in dem er sein Herz schlagen hörte, Sekunden, in denen er mit zitternden Händen an einer Zigarette zog.

Von München nach Weiz

Noch nie war Andreas Tomaschek unter so trostlosen Umständen von München nach Weiz gefahren.

Jetzt fahren wir heim, hatte seine Mutter gesagt, nachdem sie zu ihm in den Wagen gestiegen war, und ihre Stimme hatte dabei so tonlos geklungen, als ob die Worte jede Bedeutung verloren hätten. Noch am Abend des Tages, an dem sie die Nachricht erhalten hatten, waren sie losgefahren, kurz nachdem Andreas seine Vertretung in der Harlachinger Klinik geregelt und seinen Bruder in Wien angerufen hatte.

Heimfahren, das war ein Wort, das in der Stimme seiner Mutter lebte, nirgendwo sonst, weich und geheimnisvoll, ein Wort, das eine Zeit berührte, die sich längst in Namen und Bilder zurückgezogen hatte, die nur sie zu entschlüsseln und zu deuten wusste. Jede Fahrt war so schon in seiner Kindheit Wehmut und Wagnis zugleich, ganz besonders aber diese Fahrt, bei der sie kaum ein Wort sprachen, erhellt von dem diffusen Regenlicht des Abends und dem imaginären Licht der Erinnerung.

Der Asphalt spiegelte das rote Schimmern der Rücklichter, der Fahrtwind presste die Regentropfen zu glitzernden Perlenschnüren auf den Scheiben. Schilder, Häuser und Hügelzüge schrumpften zu Schatten, die dunkel vorüberhuschten, so als riefe jemand aus der Ferne ihre Namen zu, magische Namen der Erinnerung an unzählige Zug- und Autofahrten: Der Chiemsee ein silbergraues Schimmern, Salzburg das leichte Zittern der Hand, die den Pass aus dem Wagen hält, Bischofshofen ein Alpenstrauß in der Sommerhitze, Radstadt die rote Kappe des Bahnhofsvorstehers, Stainach-Irdning Frankfurter Würstel mit Senf.

So fuhr er an den Erinnerungen entlang und immer wieder auf seinen Vater zu, der schemenhaft im Scheinwerferlicht auftauchte, mit Rucksack, Hut und Wanderstock, den Arm zum Gruß erhoben, und sich jedes Mal auflöste, wenn der Wagen näher kam, in einen Baum, ein Schild, ein Gespinst der Einbildung. Die große hagere Gestalt des Vaters mit seinem blauen Anorak und den grauen Kniebundhosen, an den Füßen abgetragene Goiserer, die er seit seiner Jugend zu besitzen schien, auf dem Kopf ein verwitterter Trenkerhut, der die weiße Farbe seiner Haare in sich aufnahm, als ob sie ein Teil von ihm wären.

Das Schuhwerk ist das wichtigste bei einer Wanderung. Wie oft hatte sein Vater davon gesprochen, wenn sie gemeinsam unterwegs waren, wie oft waren sie nebeneinander hergegangen, ohne ein Wort zu sagen. Eine Verständigung des Schweigens und Schauens, die Andreas von allen Verwandten am besten beherrschte, wie sein Vater meinte, wogegen Thomas so gar keine Ähnlichkeit mit ihm habe. Aber Thomas war gar nicht anders als ihr Vater, gerade deshalb brachen die Gegensätze ja immer wieder auf. Wie sie sich am Tisch gegenüber saßen, ihre Meinung vortrugen, die Meinung des andern nicht gelten lassen wollten, unbeirrbar, ja verbissen nach Argumenten suchten und dabei das Essen und alle anderen Familienmitglieder vergessen konnten, darin glichen sie sich wie ein Ei dem anderen.

Andreas wusste sehr wohl, was ihrem Vater an ihm gefiel, nicht die Ähnlichkeit, auch wenn er das immer wieder behauptete, ihm gefiel, dass er weicher war, ihm zuhören, auf ihn eingehen konnte. Und er wusste auch, dass das, was ihr Vater an Thomas beanstandete, eigene Eigenschaften waren: Härte, Unbeirrbarkeit, Recht haben müssen. Ihr Vater, der da in der Dunkelheit am Straßenrand die Hand zum

Gruß hob und sich für immer verabschiedet hatte, jetzt und eigentlich schon im vergangenen Sommer, als er ohne Ankündigung über die Grenze gegangen war. Irgendetwas musste ihn unwiderstehlich angezogen haben, etwas, wovon sie alle keine Ahnung hatten.

Vielleicht, sagte sich Andreas, hätten wir ihn öfters fragen sollen, nach seinen Eltern, unseren Großeltern, die wir eine Kindheit lang besucht und doch nie richtig kennengelernt haben, nach seiner Schulzeit, nach dem Krieg und der Vertreibung. Thomas und er waren ganz auf die mütterliche Verwandtschaft fixiert. Heimfahren, das hatte immer bedeutet: nach Österreich fahren, in die Steiermark, nicht nach Böhmen, nicht in den Böhmerwald. Heimfahren, dazu gehörte der Blick auf die Weizbergkirche, der Besuch des Familiengrabs, die Fahrt mit dem Postautobus durch die Weizklamm, der Weg zur Brandlucken und zur Sommeralm hinauf. Im Böhmerwald kannten sie keine Wege, keine Plätze, kein Grab. Wollten sie etwas wissen, blockte ihr Vater jedes Mal ab:

Seid froh, dass ihr hier lebt, dass ihr euch frei bewegen könnt! Ein Scherz, ein Auflachen, Themenwechsel. Nein, er hatte nie erzählt, weder von seinem Heimatort, noch von seiner Kindheit, weder vom Krieg, noch von der Vertreibung. Nur Bilder hatte er ihnen einmal gezeigt:

Damit ihr wisst, wie eure Vorfahren ausgeschaut haben. Und von der Wandervogelzeit hatte er erzählt, von Sommerlagern und Großfahrten bis zu den Karpaten und zum Heiligen Berg Athos. Davon hatte er richtiggehend geschwärmt. Auf seinen Rucksack war ein kleines Abzeichen aufgenäht, das einen silbernen Greif auf blauem Untergrund zeigte. Und alte Lieder hatte er manchmal gesungen, wenn sie unterwegs waren, mit heller, klarer Stimme, und Andreas hatte sie mitgesummt und bald schon mitsingen können:

Der Reif und auch der kalte Schnee, der tut uns armen Reitern weh ... Und kommt der Feind ins Land herein und sollt's der Teufel selber sein ...

So fuhr Andreas an seinen Erinnerungen entlang, bis sich die Dunkelheit zu einem Punkt verdichtete, an dem sie das Auto abstellten und einen kurzen Schlaf in einem Gasthaus suchten. Als sich das Licht am nächsten Morgen wieder ausweitete, wuchsen ihnen strahlend grüne Berghänge entgegen, blühende Apfelbäume und Ulmen, deren silbergraue Blätter im Wind blinkten. Es war eine eigenartige Stimmung. Die Sonne funkelte auf den regennassen Dächern, und der Wind fuhr so heftig durch die Kronen der Bäume, dass unzählige weißrote Blütenblätter in der Luft tanzten.

Wortkarg, wie sie die Reise begonnen hatten, setzten sie die beiden fort. Andreas musste an den Rucksack seines Vaters denken, der ihm in der Budweiser Klinik ausgehändigt worden war. Ihr Vater hatte ihn nicht mehr angerührt. Als er in der Reha war, hatte ihn Andreas mit seiner Mutter ausgepackt: Karten, Kompass und eine Taschenlampe, eine Plastikschachtel mit vergilbtem Käse und verdorrten Tomaten, ein Regencape, Stifters Hochwald und ein Gebetsbuch. Nichts, was ungewöhnlich war. Mit Ausnahme des Gebetsbuches vielleicht, da sein Vater so gut wie nie in eine Messe gegangen war. Womöglich hatte er das Buch in einer alten Kirche gefunden und mitgenommen. Es schien noch aus der Vorkriegszeit zu stammen, auch das Heiligenbild, auf dem der Apostel Thomas abgebildet war. Auf der Rückseite ein handgeschriebenes Gebet. Nichts, was eine besondere Absicht oder einen wunden Punkt angezeigt hätte. Andreas musste sich eingestehen, dass er seinen Vater bei Weitem nicht so gut kannte, wie er sich das immer eingebildet hatte. Und er spürte, wie sich eine

Gewissheit auflöste, wie das Gefühl, eine besondere Beziehung zu ihm gehabt zu haben, plötzlich fragwürdig und hinfällig wurde.

*

Als sie die Aussegnungshalle betraten, kamen ihm die vergangenen beiden Tage wie ein Albtraum vor. Seine Mutter hatte eine Regsamkeit an den Tag gelegt, die er nur zu gut kannte, die von ihr immer Besitz ergriff, wenn sie ein besonderer Schmerz quälte. Dann überkam sie ein Reinigungs- und Ordnungstrieb, der so lange anhielt, bis der letzte Teppich gesaugt, die letzte Fensterscheibe geputzt und das letzte Taschentuch gebügelt war. Nur nicht nachdenken, etwas tun, das den Tag, die Stunden, die Minuten füllte, die Stille übertönte, die Verzweiflung verhüllte. Telefonate, Besorgungen, Besuche, beim Bestattungsinstitut und bei der Friedhofsgärtnerei, bei der Anzeigenredaktion, bei der Meldebehörde und bei der Kartendruckerei, überall wollte sie selber vorsprechen, niemand durfte ihr helfen, am wenigsten Andreas, der die Verwandten besuchen und Freunde anrufen sollte, die sie alle selber anrief und selber besuchte.

Nun standen sie in der Aussegnungshalle, seine Mutter mit gefasstem, ruhigem Gesicht, in dem nur die Augen etwas von ihrer Schutzlosigkeit verrieten. Und während in dunklen Geigentönen das alte Lied *Näher mein Gott zu Dir* erklang und sich auf die wunden Gedanken legte, traten die Trauergäste durch die Tür, hinter der ein heller Vormittag schimmerte. Je mehr Menschen kamen, umso stärker empfand Andreas die Zwiesprache ihrer Körper, eine Empfindung der Gemeinsamkeit, in der ihre schweigende Anwesenheit nahezu gegenständlich wurde, fast wie bei den Wanderungen mit seinem Vater.

Je länger er stand und wartete, umso ferner rückte das helle Schimmern vor der Tür, der Frühling draußen, die blühenden Apfelbäume, die Weizbergkirche. Jeder Trauergast, der durch dieses schimmernde Rechteck hereintrat, blieb einen Augenblick lang wie geblendet stehen, obwohl das Gegenteil der Fall war, er wartete einen Augenblick, bis sich seine Augen an das Dämmerlicht gewöhnten. Verwandte, Freunde, Bekannte, alle kamen, nur Thomas fehlte, den er angerufen hatte, der seinen Vater seit jenem Mittagessen vor zehn Jahren nicht mehr gesehen, der alle Vermittlungsversuche seiner Mutter abgelehnt, sich als Werkstudent durch das Studium gebissen hatte und schließlich in eine Wiener Rechtsanwaltskanzlei eingetreten war. Wie oft hatte Andreas ihm zugeredet, seinen verletzten Stolz zu überwinden. Vergeblich. Wie oft hatte er versucht, Thomas und seinen Vater zusammenzubringen. Ohne Erfolg. Dabei spürte er genau, wie sehr beide unter dieser Trennung litten. Doch keiner konnte zurückstecken, keiner konnte nachgeben.

Als Andreas jedoch im letzten Jahr die Nachricht von dem Unfall erhalten hatte und nach Budweis gefahren war, um als Arzt mit den dortigen Ärzten zu sprechen, da hatte Thomas sofort angerufen. Aber Andreas konnte ihm keine Auskunft geben. Ihr Vater hatte ihn nur erschrocken angestarrt und unzusammenhängende Worte gestammelt: „ale nemůžu, nemůžu, opravdu ne“. Andreas, der kein Tschechisch verstand, musste sich die Worte übersetzen lassen. Verstört hatte er gesagt, das ist ein anderer Mensch, das ist nicht unser Vater, und seine Stimme hatte dabei so sehr gezittert, dass sie zu verschwinden drohte. Und Thomas hatte schroff gesagt, dann können wir ihm auch nicht mehr helfen.

Einmal hatte Andreas beobachtet, wie ihr Vater Thomas bei einem Handballspiel zuschaute und wie sich dabei in seinem Gesicht eine seltsame Mischung aus Bewunderung und Stolz breitmachte. Die schimmernden Augen, der gelöste, halb offen stehende Mund, das heruntergesackte Kinn, ein Ausdruck von Blödheit und Hingabe, wie Andreas ihn manchmal bei Männern bemerkte, die stolz auf etwas waren. Dieser Gesichtsausdruck, der ihn damals gleichermaßen belustigt und eifersüchtig gemacht hatte, stand ihm jetzt plötzlich vor Augen, der ernsten Situation wie zum Hohn. Niemals hätte sich sein Vater bewusst eine solche Blöße gegeben. Damals aber hatte er sich unbeobachtet gefühlt und verraten, was er für Thomas tatsächlich empfand.

Auf einmal hatte Andreas Angst, dass sein Bruder dieser allerletzten Begegnung ausweichen könnte. Er war schon am Telefon so seltsam gewesen, als ob er die Todesnachricht nicht glauben wollte, oder als ob er sich ertappt fühlte bei seinen Empfindungen für ihren Vater. Was, wenn sein Bruder nicht kommen würde, wenn er einfach fortblieb? Noch bevor Andreas diesen Gedanken weiter ausmalen konnte, stand Thomas in der Tür. Er erkannte ihn sofort, die gleiche schmale Gestalt wie ihr Vater, nur größer noch, den Kopf zur Seite geneigt, den Körper halb gedreht. So blieb er in der schimmernden Tür stehen, während seine Augen über die Gesichter der Wartenden glitten, einen Augenblick lang auf dem Sarg ruhten und weiter suchten, bis in seinem Gesicht ein Erkennen aufkeimte. Er war doch gekommen. Erleichtert und dankbar blickte Andreas seinem Bruder entgegen.

Juli 1990

Wanderung in die Vergangenheit

One of the boys?
An aidman!
Is he armed?
Wounded!

Was war das, ein Traum, eine Erinnerung? Karl Tomaschek setzte sich auf und starrte auf die Wand, unter den Füßen die blanken Holzbohlen des Zimmers. Das kalte Wasser im Bad weckte ihn endgültig auf, der heiße Kaffee, den ihm die Herbergsmutter vorsetzte.

Längst vorbei, sagte er, lange schon, während sie ihm gegenübersaß und zustimmend nickte.

So begann der Julimorgen des Jahres 1990, an dem er sich auf den Weg machte. Die Sonne stand bereits über dem Kamm, die Luft glitzerte und sirrte. Vom Rosenbergergut, in dem er die Nacht verbracht hatte, ging er die Straße aufwärts, am Denkmal der Böhmerwäldler vorbei in den Wald. Lustvoll hörte er das Knarzen der Schuhe und das Gluckern der Wasserflasche. Der Geruch der Nadeln zog ihn förmlich hinauf, der Rucksack machte ihn angenehm schwer. Rundum Fichten, Farne, Wurzeln und moosüberwachsene Blöcke aus Granit. Der Eiserne Vorhang war vor wenigen Wochen demontiert worden, die Grenze wieder passierbar, darauf hatte er gewartet, seit vielen Jahren.

Anfangs stand ihm ein Bild vor Augen, die mitternächtliche Straße mit der gelb leuchtenden Telefonzelle, darüber die Milchstraße so prächtig und klar, wie er sie nur von den Alpen her kannte. Lange hatte er nicht schlafen können, auf die Straße hinuntergeblickt und in Zeitschriften geblättert, die ein Verehrer Adalbert Stifters hier gesammelt hatte. In einem Aufsatz über *Stifter und die Einsamkeit* war er an der Zeile hängen geblieben, die Natur senke sich in die Seele „wie ein schöner Gedanke Gottes." Jetzt beim Gehen überkam ihn die Lust, den Satz in sein Gegenteil zu verkehren, wie ein schöner Gedanke, ja, oder – wie die „hässliche Fratze des Teufels."

Bald schon übertönte sein Atem alle anderen Geräusche, die Schläfen wurden feucht, im Nacken sammelte sich Schweiß. Nur weiter, immer weiter. Ein Satz drängte sich auf, nahm ihn gefangen, der Spruch, den er auf dem Böhmerwalddenkmal gelesen hatte: „Und immer rettet die Güte". Minutenlang wiederholten sich die Worte wie von selbst, jeder Atemzug zwei Silben, jede Silbe ein Schritt, mechanisch, unabwendbar: im-mer ... ret-tet ... Gü-te ... im-mer ... ret-tet ... Er schüttelte den Kopf, schnäuzte die Nase, der Satz ließ sich nicht vertreiben. Minutenlang. Schließlich blieb er stehen und starrte auf ein Schild mit der Aufschrift: „Landesgrenze". Da war der Bann gebrochen. Schräg stand das Licht zwischen den Bäumen, auf dem Weg glitzerte ein Rinnsal. Kein Wind regte sich, kein Halm, nur sein Atem ging schwer und das Herz pochte im Hals. Die Güte, er lachte laut und setzte den Weg fort, der in einem spitzen Winkel von der österreichischen Grenze zurück in das Bayerische führte und wieder die Richtung änderte, immer weiter bergauf, zum Steinernen Meer und zum Dreiländereck.

Jahrelang hatte er sich auf diesen Weg vorbereitet, ohne ein Wort darüber zu verlieren. Wozu auch? Der Eiserne Vorhang riegelte die Grenze ab. Oft hatte er alte Karten studiert, vom Osser und vom Hochstein in das Land hinübergeschaut. Ein einziges Mal noch wollte er zurück, sich Gewissheit verschaffen. Im Sommer 1968 dachte er, es sei so weit, 48 Jahre war er damals alt. Doch die Grenze blieb verschlossen, Panzer waren durch die Prager Straßen gerollt. Ganz anders der Sommer in diesem Jahr, die „Sanfte Revolution" in aller Munde, ein neuer Präsident auf dem Hradschin, das war die Gelegenheit, auf die er gewartet hatte.

Am Dreiländereck stieß Tomaschek auf andere Wanderer. Ein älterer Mann trat auf ihn zu und fragte, ob er von ihm und seiner Frau ein Foto machen könne, vor dem Grenzstein. Sie seien extra hergefahren, jetzt, da man ungehindert hinüber könne. Ein historischer Augenblick. Tomaschek nickte ihm schweigend zu und nahm den Apparat. Der Kopf des Mannes war rot von der Anstrengung des Steigens, vielleicht auch von der Aufregung des Augenblicks. Auf seiner Stirn perlten Schweißtropfen, die Haare kräuselten sich über den Ohren. Seine Frau wirkte ruhiger. Ihr rotgefärbtes Haar schloss sich wie eine Badehaube um den Kopf.

Er könne es noch gar nicht fassen, sagte der Mann, er stamme nämlich von drüben, von Friedberg, und jetzt werde alles wieder gut. Ob der Herr Fotograf vielleicht auch ...

Tomaschek drückte auf den Auslöser und gab den Apparat wortlos zurück.

Er folgte dem Kammweg an der österreichisch-tschechischen Grenze entlang. Hier war er oft gewandert, alleine oder mit einem seiner Söhne, und früher schon in seiner Jugendzeit. Hier kannte er sich aus, auch wenn er das Gefühl hatte, auf einem fremden Weg zu gehen. Die Bäume erschienen ihm eigenartig hoch, die Wurzeln ungewohnt knorrig und verzweigt. Erstaunt sah er einem braunen Falter mit orangefarbenen Streifen nach, der von einem Weidenröschen aufflatterte und durch die Jahre und Jahrzehnte davontanzte, als ob sie genauso offen vor ihm lägen wie der Weg, der zu einer sumpfigen Senke hinunterführte. War das nicht der gleiche Falter, den der Apotheker gefangen hatte, der Botanikus, wie sie ihn spöttisch nannten, einer der Jungturner, damals im August 1935 …

*

Was für ein Gelächter, wenn sich Ossi über den Botanikus lustig machte, der von allen Pflanzen und Insekten die lateinischen Namen kannte und nicht zu halten war, sobald er ein seltenes Exemplar entdeckte.

Der wird nochmal das Kraut des ewigen Lebens entdecken, wenn er uns nicht vorher vergiftet hat! Ossis übermütige Stimme, Oskar Benda, ihr Führer, der auf „seine Truppe" nichts kommen ließ, solange sie mitmachte und mithielt. Schwächlinge und Jammerlappen dagegen verachtete er. Da hieß es, Zähne zusammenbeißen, mochten die Trageriemen des neuen Rucksacks auch noch so schmerzhaft in die Schultern schneiden. Einige warteten nur darauf, Tomaschek zu verspotten, Karl Tomaschek, Karlimann, das Arztsöhnchen, das verweichlichte, der schmächtige Kleine. Nur beim Fußball hatten sie Respekt vor ihm, da trippelte er sie alle aus, und das war auch der Grund, warum Ossi nichts auf ihn kommen ließ.

Den brauchen wir noch, und wer weiß, wofür es gut ist, einen Arztsohn bei uns zu haben. Wenn wir einen Apotheker haben, können wir auch einen Arzt gebrauchen.

Damals hatten sie ein neues Zelt ausprobiert, eine Kothe, die man aus vier Bahnen zusammenknüpfte, die keinen Boden und eine offene Decke hatte, so dass man im Innern ein Feuer machen konnte. Das war etwas Besonderes, und Ossi war stolz darauf, dass seine Gruppe die erste in Budweis war, die sich eine Kothe angeschafft hatte …

Auch jetzt spürte Tomaschek das Gewicht des Rucksacks, das verschwitzte Hemd auf dem Rücken.

Vor und hinter ihm waren zahlreiche Wanderer unterwegs. Er liebte es nicht, mit anderen zu gehen. Sie störten die Stille, das Spiel der Gedanken. An diesem Tag jedoch passten sie zu seinem Plan. Je lauter sie waren, umso besser, umso weniger nahmen sie ihn wahr. Am Abend hatte er im Zimmer des Rosenbergergutes noch einmal alle Utensilien auf den Tisch gelegt: die alte und die neue Wanderkarte, den Kompass, die Taschenlampe und den Klappspaten. Auch das Gebetsbuch hatte er dabei, das ihm der verwundete Soldat gegeben hatte, damals im Mai 45, und den Revolver, nichts sollte unbedacht bleiben ...

Damals. Seit ihn der Mann am Dreiländereck angesprochen hatte, sprangen seine Gedanken hin und her. Wie einst hörte er die Stimmen seiner Freunde, Ossis übermütiges Lachen, weil sie einer tschechischen Sokolgruppe die Fahne geklaut hatten.

Die müssen schon was geben dafür, rief er, das machen wir beim Hochholdinger aus, beim Wirt von der Schutzhütte am Plöckensteinsee.

Und wenn sie nicht kommen, schicken wir Tomaschek als Parlamentär ins feindliche Lager!

Das war typisch Ossi, der drei Jahre älter war, groß, stark, rauflustig, die rötlichen Haare immer etwas länger und wilder als die der anderen, gutmütig, solange man ihm zustimmte, nachtragend, wenn man gegen ihn war. Seine Freunde lachten schadenfroh. Dabei hatte Karl das Sokollager ganz zufällig entdeckt. Genaugenommen, weil er sich verirrt hatte. Plötzlich hatte er Stimmen gehört und zwischen den Baumstämmen das Zelt der jungen Tschechen gesehen. Das musste er sofort seinen Leuten melden, ein feindliches Zelt, von dem niemand etwas wusste. Tomaschek schlich sich zurück und versetzte seine Turnerfreunde in helle Aufregung.

Wie viele Leute hast du gesehen?

Vier, fünf.

Alte oder junge?

Keine Ahnung, so wie wir.

Wie viele Zelte?

Eins.

Die werden wir überfallen!

Quatsch, sagte Ossi, wir klauen ihnen die Fahne, die müssen sie dann auslösen. So macht man das. Gut gemacht, Karli! Hat dich auch keiner gesehen?

Nein, niemand.

Hatte ihn keiner gesehen?

Die Erinnerung verdunkelte sich plötzlich. Auf einmal war es Nacht, alle Glieder schmerzten, der Kopf dröhnte in einem fort, Tomaschek schleppte sich auf dem Kammweg zum Dreiländereck, immer wieder anhaltend und lauschend, ob er etwas hörte, ob ihm jemand folgte, zitternd vor Kälte und Aufregung, sein Schatten im fahlen Mondlicht, Schneereste neben dem Weg. So schlich er sich hinunter auf dem alten Schmugglerpfad, bis er bei Lackenhäuser ins Freie tappte, da kannte er sich aus, das Rosenbergergut, wenn da nur keine Russen ... Aber das war ... eine ganz andere Erinnerung, eine ganz andere ...

Der Plöckenstein war eine einzige Menschentraube, Wanderer, die sich auf dem Granit zusammendrängten und über die Baumwipfel schauten. Tomaschek ging an ihnen grußlos vorbei, als ob sie nicht vorhanden wären. Er kletterte über die Felsen und folgte der gelbweißen Markierung in das Böhmische hinein, altes, jahrzehntelang nicht mehr betretenes Land. Aber keine Aufregung erfasste ihn, nur eine seltsame Nüchternheit, eine Kälte, die ihn kaum etwas empfinden, aber umso genauer registrieren ließ, die leiser werdenden Stimmen der Wanderer, die unsicheren Schritte eines alten Mannes, die Stelle, an der man den Weg verlassen musste, wenn man den ersten Blick auf den See hinunter werfen wollte, auf den Plöckensteinsee. Dunkles Erinnern ...

Hier war er schon einmal gestanden und hatte hinuntergeschaut, auf den See und auf seine Kameraden, die mit dem Hüttenwirt am Ufer saßen und seinen Geschichten zuhörten. Der Wirt mit seinem verschmitzten Lächeln und seinen muskulösen Armen war allseits beliebt. Im Klimmzug konnte er sich an der Dachschräge der Hütte hinaufhangeln und ohne Seil durch die Felswand klettern. Immer wieder lud er sie augenzwinkernd ein, über Nacht zu bleiben, versprach Freibier, das beste Gulasch vom Böhmerwald und Liwanzen, wie man sie nicht einmal in Prag bekam. Er lächelte verschmitzt und wusste nur zu gut, dass sie hinunter zu ihrem Zeltplatz mussten.

Erstaunt sah Tomaschek, dass die Schutzhütte nicht mehr stand. Nicht einmal eine Grube war zu sehen, nur eine leere Fläche, Gräser und Bäume. Wo mochte der Wirt jetzt sein, wenn er überhaupt noch lebte? Angeblich hatte er zu den wenigen gehört, die drüben bleiben durften. Aber ob das stimmte? Was für ein Glückspilz, hatten einige Leute gesagt, was für ein Pechvogel, dachte Tomaschek.

Er stieg zum Weg zurück und folgte der Markierung. Noch bevor er den Obelisken zwischen den Bäumen entdeckte, wehte ihm ein vielstimmiges Gelächter entgegen.

Ja, lacht nur, sagte er halblaut. Viel zu groß kamen ihm Farne und Blaubeerstauden vor. Ein vermoderter Stamm lag quer über dem Weg. Unmerklich öffnete sich der Wald zu einer Lichtung, in die er hineintappte, als ob ihm schwindlig wäre. Da stand der Obelisk, grau, groß, wuchtig, mit schwarzen Flecken übersät, die rote Farbe in den Rillen der herausgemeißelten Schrift halb verblichen. *Dem Dichter des Hochwalds,* an diese Worte konnte er sich erinnern, an die rote Farbe.

Hier hatten sie einmal einen Kreis gebildet, zur Ruhe ermahnt, weil ein Wandervogelführer von dem Dichter erzählte. Und während Tomaschek gelangweilt zuhörte und sich seine Gedanken von den Worten lösten, hatte er plötzlich den Eindruck, dass die Buchstaben aus den Rillen fielen und sich in rote Blechvögel verwandelten. Mit schepperndem Flügelschlag kreisten sie um das Denkmal, ein seltsam kreischender, verrosteter Ton, den er jetzt in diesem Augenblick wieder zu hören glaubte.

Tatsächlich standen Wanderer vor dem Obelisken, ein Mann hielt ein Buch in der Hand, aus dem er mit salbungsvoller Stimme las. So lange war es hier ruhig gewesen, und jetzt? Die Wanderer einer zweiten Gruppe hatten ihre verschwitzten Hemden ausgezogen und sich in das Gras geworfen. Ihre Oberkörper glänzten in der Sonne, über ihren Köpfen tanzten Mücken. Sie trugen Militärstiefel und Tarnhosen, rauchten Zigaretten, ließen eine Weinflasche kreisen und buchstabierten mit ungelenker Zunge die deutsche Inschrift: *An diesem Anger, an diesem Wasser …* Hinter ihnen kampierte eine Familie, Vater, Mutter, zwei Töchter, alle gleich dick, gleichermaßen verschwitzt und hungrig. Mit vollen Backen kauten sie an ihrer Brotzeit. Abseits sah Tomaschek zwei junge Männer in T-Shirts und kurzen Hosen, die ihre Brotzeit auf ein kariertes Handtuch gebreitet hatten. Der eine las aus einem Buch vor, der andere hielt ein Mikrofon in der Hand.

Tomaschek ging um den Obelisken herum und trat auf die Plattform hinaus, auf der ein dürftiges Metallgeländer befestigt war. Immer noch hatte er keinerlei Empfindung, aber alles kam ihm überdeutlich vor: die zerzausten Äste der Fichten, das bleiche Grün der Gräser, die diesige Luft über den Baumspitzen, in der sich schemenhaft ferne Häuser abzeichneten, die

Menschen unten am See. Je länger er zum See hinunterschaute, umso deutlicher sah er den Kronprinzenstein und die Jungen, die am Ufer standen, zum Obelisken heraufwinkten und eine Fahne schwenkten. Was für ein schöner Tag.

Ja, so war das damals. Das Wetter konnte nicht besser sein. Übermütig sprachen sie davon, wie leicht es war, den Sokolisten ihre Fahne zu klauen. Die waren ausgeflogen, hatten ihr Zelt unbewacht zurückgelassen und ihre Fahne so nachlässig versteckt, dass man sie kaum suchen musste.

Tschechen halt, meinte Czerny geringschätzig.

Auf einen Zettel hatten sie geschrieben: *Pokud chcete svoji vlajku zpět, přijďte odpoledne ve 5 hodiny do Lucemburské chaty u jezera! – Wenn ihr Eure Fahne wieder haben wollt, dann kommt am Nachmittag um 5 Uhr zur Luxemburger Hütte am See!*

Die haben keine Ahnung, wie man ein Lager bewacht.

Dafür werden sie zahlen, lachte Ossi.

Und wenn sie in Budweis wieder frech werden, fordern wir sie zum Wettkampf heraus, rief der Apotheker.

Quatschkopf, du weißt doch, das wir das nicht machen, Turnerehre.

Ein Fußballmatch natürlich, das machen die Vereine auch.

Und Tomaschek schießt die Tore!

Und wo soll das stattfinden?

Im Baumgarten, wo sonst, da stecken wir ein Spielfeld ab und spielen die Sokoln in Grund und Boden.

Wo haben wir eigentlich unsere Fahne?

So gut versteckt, dass sie nicht einmal ein Indianer finden würde.

Ihre Stimmung war so gut, dass selbst die Sonnenstrahlen tanzten, die warm und hell durch den Nachmittag fielen, und Bernhard, den sie Bellmann nannten, ein Lied anstimmte, in das sie alle einfielen:

Und kommt der Feind ins Land herein,
und sollt's der Teufel selber sein,
es ruhen uns're Jagastutzen nicht,
bis dass das Auge bricht, ja bricht ...

Sie traten auf die Plattform vor dem Obelisken und schauten zum See hinunter, in dem sich der blaue Himmel spiegelte, und zur Schutzhütte, vor der winkende Leute standen.

Mann sind das viele, die wollen wohl alle die neue Hütte sehen!

Winkt mal zurück, sagte Ossi, das sind sicher Leute von uns, die zum See heraufgestiegen sind.

Wartet mal, wartet, rief der Apotheker, der durch sein Fernglas schaute und an der Einstellung schraubte.

Und wie müssen die Sokoln ihre Fahne auslösen? fragte Tomaschek.

Das machen wir mit dem Wirt aus, der hat immer eine gute Idee.

Jetzt gib schon her, sagte Ossi, vielleicht sind das sogar Leute von Budweis.

Ja, stotterte der Apotheker, die sind von Budweis, und hielt Ossi das Fernglas hin. Der drehte an den Schrauben, schaute zum See hinunter und erstarrte.

Das kann doch nicht, das kann doch nicht wahr sein. Die haben unsere Fahne ...

Einer nach dem anderen schaute durch das Fernglas und reichte es stumm weiter. Tomaschek stieg das Blut in den Kopf. Da unten standen die tschechischen Jungen, die er vor ihrem Zelt gesehen hatte, und schwenkten ihre Turnerfahne.

Und auf einmal schlich er wieder durch den Wald auf ihren Zeltplatz zu und hörte plötzlich ein scharfes:

Stop!

Wie er sich aufrichtete, standen fünf Jungen vor ihm, die ihn feindselig anstarrten. In seinem Kopf sirrte ein schriller Ton. Kämpfen? Unmöglich. Davonlaufen? Keine Chance. Eine unsichtbare Wand aus Abwehr und Aggressivität versperrte den Weg. Keiner sagte etwas, keiner bewegte sich. Und je länger sie schwiegen, umso kleiner kam sich Tomaschek vor, und plötzlich hatte er das Gefühl, ganz schräg auf dem Boden zu stehen.

Was suchst du hier, sagte schließlich einer, der ihr Anführer zu sein schien.

Nichts flüsterte Tomaschek auf Tschechisch, ich bin nur zufällig ...

Ein Deutscher, sagte einer abfällig.

Der uns ausspioniert!

Nein, entgegnete Tomaschek, wirklich nicht, ich bin nur ...

Zufällig, ja, ja, wiederholte der tschechische Führer. Und warum schleichst du dann durch den Wald und kommst nicht einfach vorbei?

Weil ich sehen wollte, wer ihr seid. Ich wusste ja nicht ...

Du wusstest nicht?

Der spioniert uns doch aus!

Unsinn, der hat Angst! Der zittert ja!

Hast du Angst?

Tomaschek schüttelte den Kopf. Die Jungen lachten, die Stimmung schlug plötzlich um.

Er hat keine Angst!

Natürlich hat er Angst!

Dann lasst ihn doch gehen.

Bist du nicht aus Budweis?

Tomaschek nickte.

Dann kennen wir dich doch. Also hau ab. Und grüß deine Leute.

Tomaschek dreht sich zögernd um. Sie ließen ihn tatsächlich gehen. Erst ging er, dann rannte er, dann liefen ihm Tränen über die Wangen.

Die sind dir nachgegangen, Karl, du hast sie zu unserem Platz geführt.

Tomaschek schaute Ossi mit rotem Kopf an: Aber nein doch, niemand ist mir nachgegangen.

Natürlich sind sie dir nach, rief Czerny, und du hast es nicht mal gemerkt.

Die haben unseren Platz ausgespäht, sagte der Apotheker, und während wir weg waren, um ihre Fahne zu klauen, haben sie sich unsere Fahne geholt.

Ossi brach in ein wildes Gelächter aus, in das einer nach dem anderen einstimmte, zuletzt auch Tomaschek. Abrupt war Ossi wieder ernst.

Verdammt nochmal, sagte er, sie haben unsere Fahne, aber wissen sie auch, dass wir ihre Fahne haben? Bellmann, halt sie mal hoch, mal sehen, wie sie reagieren.

Bellmann holte die Sokolfahne aus dem Rucksack, rollte sie auseinander und schwenkte sie über dem Kopf, während Ossi durchs Fernglas schaute. Unten am See hörten die Leute schlagartig zu winken auf und starrten zur Wand herauf. Einer riss dem anderen das Fernglas aus den Händen.

Wie ich mir's gedacht habe, sagte Ossi, heute Abend haben wir unsere Fahne wieder, darauf könnt ihr Gift nehmen.

So war das damals, im Spätsommer 1935, als sie alle noch zusammen waren. Jetzt lebten nur noch drei von ihnen. Kurz nach Kriegsbeginn war der Apotheker eingezogen worden und 1940 in Frankreich gefallen, gerade 20 Jahre alt, und Czerny war 1945 in Prag ums Leben gekommen, keiner wusste wie.

Lauter kleine Fische, murmelte Tomaschek und machte sich an den Abstieg zum See. Ossi aber, der den Budweiser HJ-Bann übernommen und schließlich zur SA gegangen war, der immer höher und höher gestiegen und während des ganzen Krieges unabkömmlich war, hatte sich rechtzeitig vor Kriegsende zu den Amerikanern abgesetzt. Und

Bellmann, der so viele Lieder kannte und so gut Gitarre spielte?

Wenn wir den nicht gehabt hätten, wäre die Begegnung am Plöckensteinsee ganz anders ausgegangen ...

Als sie bei der Schutzhütte ankamen, war keiner der tschechischen Jungen zu sehen, nur Wanderer, die an den Tischen im Freien saßen, Brotzeit machten und sich laut unterhielten, ein Gemisch von deutschen und tschechischen Stimmen, wie es hier oft zu hören war. Der Hüttenwirt stand am Ufer und winkte.

Ihr habt euch die Fahne stehlen lassen? Das darf doch nicht wahr sein!

Die Jungen schauten ihn verlegen an, und Tomaschek wäre am liebsten weit weg gewesen.

Wir haben ihre Fahne auch geklaut!

Ich weiß, sagte der Hüttenwirt und lachte. Ihr habt euch gegenseitig bestohlen und reingelegt. Die tschechischen Jungen wollen eure Fahne aber nicht rausrücken.

Wir auch nicht.

Hab ich mir schon gedacht. Also gibt es nur eine Möglichkeit, ihr müsst kämpfen.

Kämpfen, wie, wo?

Hier am See. Die Bedingungen werden wir gleich klären. Komm, sagte er zu Ossi und verschwand mit ihm in der Hütte.

Die Wandergäste schienen nichts zu bemerken.

Noch nicht.

Tomaschek stieg Schritt für Schritt auf dem steilen Pfad zum See hinunter. Wie genau er sich plötzlich erinnerte, wie mulmig ihm damals war. Er war ein guter Fußballspieler, aber bei Ringkämpfen zählte er zu den Schwächeren, da hatte er kaum eine Chance.

Mal sehen, was die ausmachen, sagte der Apotheker. Vielleicht laufen oder schwimmen.

Bis zur Seewand und wieder zurück, meinte Bellmann, das wär doch was!

Quatsch rief Czerny, ringen oder boxen, das sind richtige Kämpfe!

Da kam Ossi aus der Tür. Armdrücken, sagte er, fünf Leute von jeder Seite. Wenn wir gewinnen, müssen sie unsere Fahne rausrücken und ihre Fahne mit einem Fass Budweiser freikaufen.

Und wenn wir verlieren?

Wir verlieren doch nicht!

Überrascht von der Aussicht auf das unerwartete Spektakel rückten die Wanderer hinter den Tischen zusammen und bildeten einen Kreis erwartungsvoll-lüsterner Gesichter. Ihre Kommentare und ihr Spott sprangen hin und her.

Morituri te salutant, rief einer, Gelächter und Gläserklirren.

Was wusste der Spaßvogel schon, wie bald daraus blutiger Ernst werden sollte, dachte Tomaschek, doch damals lachten die morituri mit, zeigten ihre Muskeln und blickten verächtlich auf ihre Gegner.

Damals zahlte es sich aus, dass der Hüttenwirt von Deutschen und Tschechen gleichermaßen respektiert wurde, weil er sie alle gleichbehandelte, ohne seine Zugehörigkeit zu den deutschen Böhmerwäldlern unter den Tisch zu kehren. Als Schiedsrichter winkte er die beiden Führer zu sich, forderte sie auf, sich die Hand zu geben. Ossi und der Sokolführer sollten als erste antreten. Sie setzten sich gegenüber, stemmten ihre Ellenbogen auf und fassten sich an den Händen.

Wie heißt du?

Jindra.

Und du?

Ossi.

Laut rief der Wirt: Achtung, fertig, los ... *připravit, pozor, teď*!

Die Zuschauer hielten den Atem an, selbst der Wind in den Bäumen machte eine Pause, doch der erste Wettkampf war beendet, bevor er richtig begonnen hatte. Ausgerechnet Ossi hatte nicht aufgepasst, hatte den tschechischen Führer zu siegesgewiss betrachtet, und nicht mit seiner Reaktionsschnelligkeit gerechnet. Noch bevor Ossi seine Kraft einsetzen konnte, hatte der andere seinen Arm blitzschnell auf den Tisch gedrückt. Die tschechischen Jungen und Gäste jubelten.

Halt, rief Ossi, halt, ich war noch gar nicht so weit!

Tut mir leid, sagte der Wirt, ich habe laut und deutlich das Startzeichen gegeben. Da musst du schon aufpassen.

Mann, Ossi, den hättest du doch leicht ...

Ossi bekam einen roten Kopf. Jindra stand auf und reichte ihm lachend die Hand.

Pech gehabt, sagte er auf Deutsch. Seid ihr alle so langsam? Die Tschechen lachten. Ossi kochte.

Als Nächster trat der Apotheker an. Wieder rief der Wirt:

Achtung, fertig los! Diesmal war der Apotheker schneller als der tschechische Junge und siegte genauso überfallartig, wie zuvor Jindra gewonnen hatte. Jetzt jubelten die deutschen Jungen und Wanderer.

Eins zu eins, verkündete der Wirt laut. Die nächsten beiden!

Czerny hatte einen kleineren Kerl als Gegner und machte sich über ihn lustig.

Der hat ja gar keine Muskeln.

Pass auf Czerny, das ist einer der besten Kajakfahrer!

Kaum hatte der Wirt das Startsignal gegeben, drückten die beiden mit aller Kraft. Langsam, ganz langsam zeigte sich, dass der tschechische Junge stärkere Muskeln hatte, dass er Czernys Arm immer weiter nach unten und schließlich mit einem Schrei auf die Tischplatte drückte. Die tschechischen Wanderer umarmten sich und deuteten auf den drahtigen Jungen, der so souverän gewonnen hatte.

Jetzt kam Bellmann an die Reihe, der sich zum Gelächter der Zuschauer bekreuzigte und immer wieder sagte:

Ich hab keine Angst, ich hab keine Angst.

Ich auch nicht, sagte der tschechische Junge und lachte. Hochholdinger gab das Zeichen, und die beiden drückten mit aller Kraft, ohne, dass sich ein Arm nach unten bewegte. Keiner errang einen Vorteil, keiner gab nach, kein Schwanken, kein Hinundher, die Arme standen senkrecht, als ob sie versteinert wären. Nur die Wangen der Jungen wurden immer röter, ihre Arme zitterten, die Zuschauer feuerten sie an, aber nichts bewegte sich. Schließlich ging der Wirt kopfschüttelnd um sie herum und rief:

Ihr seid gleich stark. Jede Seite bekommt einen Punkt.

Jetzt stand es 3 zu 2 für die Sokolgruppe. Es gab noch einen letzten Kampf, und den musste Tomaschek ausfechten. Gewinnen konnten sie schon nicht mehr, dafür hochkantig verlieren. Er musste wenigstens ein Unentschieden erkämpfen, ausgerechnet er. Und ausgerechnet gegen einen Jungen, den er kannte. Ihre Väter arbeiteten als Ärzte im Budweiser Krankenhaus und trafen sich jede Woche mit zwei weiteren Ärzten, um Kammermusik zu machen, ein Streichquartett. Immer abwechselnd in einem der Häuser oder einer der Wohnungen. Hadrava, hieß der Junge, Jan Hadrava, er war gleichalt, ging auf das tschechische Gymnasium und spielte in der Jugendmannschaft des SK České Budějovice. Ja, wenn sie gegeneinander Fußball spielen müssten, aber Armdrücken?

Pass auf, rief Ossi, dass er dich nicht reinlegt. Du musst sofort drücken, so fest du kannst.

Wenn du verlierst, sind wir blamiert, sagte Czerny.

Du musst unsere Ehre retten!

Tomaschek dröhnte der Kopf, er schaute Hadrava an, der ihn kühl musterte und mit keiner Miene verriet, dass sie sich kannten.

Seid ihr bereit? Der Hüttenwirt hob eine Hand. Die Zuschauer verstummten: *připravit, pozor, teď*! Tomaschek drückte mit aller Kraft, ohne den geringsten Erfolg zu erzielen. Hadrava hielt seinen Arm kerzengerade und schaute Tomaschek fest in die Augen. Er schien sich nicht einmal besonders anzustrengen. Dann erhöhte er den Druck und presste Tomascheks Arm leicht nach unten. Die tschechischen Zuschauer jubelten, die deutschen stöhnten auf. Tomaschek hörte und sah kaum noch etwas. Die Köpfe verloren ihre Gesichter, in seinen Ohren rauschte die Moldau, nur die Augen von Hadrava sah er klar und deutlich. Er mobilisierte alle seine Kräfte, und tatsächlich gelang es ihm, seinen Arm wieder hoch und Hadravas leicht nach unten zu drücken, bis dieser die Bewegung aufhielt und eine Ewigkeit lang in der gleichen Position verharrte, bevor er dagegen drückte und Tomaschek erneut in die Defensive brachte. Schließlich aber, als ob ihn plötzlich die Kräfte verließen, gab er immer mehr nach, berührte mit dem Handrücken schon fast die Platte, kehrte die Bewegung noch einmal um und gab auf.

Du hast gewonnen, sagte Hadrava. Seine Sokolkameraden machten lange Gesichter. Tomascheks Turnerfreunde triumphierten. Aber hatte Tomaschek wirklich gewonnen? Hatte Hadrava nicht absichtlich nachgegeben?

Das hätte ich dem Karli nicht zugetraut, sagte der Apotheker.

Du hast unsere Ehre gerettet, bestätigte Czerny.

Nur Ossi schaute sie grimmig an: Unentschieden, Leute, 3 zu 3, kein Grund zum Jubeln.

Und wie bekommen wir jetzt unsere Fahne zurück?

Da rief der Hüttenwirt Ossi und Jindra zu sich und redete so lange auf sie ein, bis sie zustimmten.

Der Wettkampf ist unentschieden ausgegangen, verkündete er laut. Jede Gruppe hat drei Punkte gewonnen. Wir haben deshalb vereinbart, dass die Fahnen zurückgegeben werden und der Wettkampf auf freundschaftliche Weise am Lagerfeuer weitergeführt wird, in Form eines Sängerwettstreits. Ich stifte eine Runde Budweiser für die älteren und für die „Kracherltiger und Wassergimpel" ein Zitronenwasser.

Allgemeiner Beifall. Ossi und Jindra reichten sich noch einmal die Hände und übergaben die Fahnen.

Fast wie bei einem Fußballspiel, dachte Tomaschek, wenn die Spielführer ihre Wimpel austauschen. So endete der Wettkampf und wäre gerade noch als glimpflicher Ausgang eines Überfalls in ihre Lagergeschichte eingegangen, hätte Bellmann nicht für die Überraschung des Abends gesorgt. Sobald das Feuer am Seeufer brannte und sich die Jungen darum gelagert hatten, holte der Wirt seine Gitarre aus der Hütte und fragte, wer darauf spielen könne. Erst rührte sich keiner, dann hob einer der tschechischen Jungen seine Hand.

Dann zeigt mal, was ihr könnt!

Die Sokoljungen sangen tschechische Volkslieder, die Wanderer gesellten sich mit ihren Gläsern zu dem Feuerkreis und stimmten mit ein: *Bejvávalo, bejvávalo, bejvávalo dobře ...*

Das Lied erzählte von der Jugendzeit, wie gut es doch früher war, als die Welt noch wie eine Blume blühte. Zögerlich anfangs, dann schon selbstbewusster sangen sie, was wohl passierte, wenn Bavorov und Vodňany ein und dieselbe Stadt wären, *kdyby byl Bavorov, co jsou Vodňany*, dann würdest du, wer auch immer du bist, einen Kuss auf beide Wangen bekommen. Und ach, in der Gegend von Frýdek, *okolo Frýdku,* ein kleiner Weg, ein grünes Gräschen, als ich zum ersten Mal ein Mädchen erblickte und ihm nachging, da hörte ich die Musik so hübsch spielen. Immer wieder die Liebe, die Liebe, im Böhmerwald, da liegt ein kleines Tal, *na Šumavě je dolina*, da flog ein Vogel von den schwarzen Bergen, warum nur, meine Liebe, bist du so traurig? *Ej lásko, lásko ty nejsi stálá*, ach, so unbeständig bist du wie das Wasser zwischen den Ufern, und du vergehst wie ein Blatt vom Rosmarinbaum.

Schon waren die Sänger nur noch eine Stimme, eine Gemeinschaft, die von ihren Liedern gehalten und getragen wurde, öffnete sich ein Gefühlsraum über dem See und über die bewaldeten Hänge hinauf bis zum nächtlichen Himmel. Unsere schönen Lieder, sind sie nicht wie Perlen, unser tschechisches Lied, *ta naše písnička česká*, war das nicht von Karel Hašler, dem Sänger und Schauspieler, ein Lied, das seit wenigen Jahren überall gesungen wurde? Da war es nicht mehr weit zu den alten Legionärsliedern, und das Gefühl der Gemeinsamkeit bekam eine kämpferische Note und einen Gegner, den es abzuwehren und zu besiegen galt: Dort wo der Kampf am meisten tobt, geben sie den Deutschen den letzten Schlag, *legionáři jdou*, und *der tschechische Arm ruht nicht, bevor ein Dutzend Deutsche fallen*. So stark ist die Gegnerschaft, dass wir unversehens am Vorposten des Nationalitätenstreits stehen, *na přední stráži*, im Böhmerwald nicht anders als in Prag, wo doch allen klar ist, allen klar sein muss, *mag uns die germanische Sippschaft auch überschwemmen, unser Prag wird immer slawisch sein …*

Jetzt wussten die Deutschen, mit wem sie da zusammensaßen. Aber es waren ja nur Lieder, alte Lieder, die schön und traurig und manchmal ziemlich nationalistisch waren. In dieser Stunde hier am See waren alle friedlich und ein bisschen aufgekratzt, und je länger sie sangen, umso ausgelassener wurde die Stimmung:

Tancuj, tancuj, vykrúcaj, vykrúcaj, tanz nur, tanz nur, dreh dich nur, dreh dich und pass auf, dass nicht der Ofen umfällt. Einige der tschechischen Wanderer sprangen auf die Beine, legten die Arme um ihre Schultern und sangen mit Inbrunst: *Eště si já, eště si já pohar vína zaplatím,* noch ein Gläschen, noch ein Gläschen voll mit Wein, das zahle ich ...

Na, und ihr? Ein tschechischer Wanderer schaute mitleidig zu den deutschen Turnerjungen, so schöne Lieder habt ihr nicht, was?

Da stand Bellmann auf:

Darf ich auch mal? Holte sich die Gitarre, stimmte sie mit wenigen Griffen und legte mit heller Stimme los:

Der Sang ist verschollen, der Wein ist verrauscht,
stumm irr ich und träumend umher,
es taumeln die Häuser vom Sturmwind umbraust,
es taumeln die Wellen ins Meer ...

Schlagartig waren alle still und hörten zu, was das Lied erzählte, von tanzenden Wolken und fallenden Sternen, von einem Sänger, der tief in die Wolken gezecht hat und trotzdem glaubt, so fest zu stehen, wie ein Kaiser für Freiheit und Recht. Noch während die Wanderer Beifall klatschten, stimmte Bellmann das nächste Lied an:

Ich komme schon durch manche Land,
avec que la marmotte,
und immer was zu essen fand,
avec que la marmotte.

Das war von Goethe und Beethoven, und der Apotheker fiel beim Refrain ein und sang eine zweite Stimme: *Avec que si, avec que la, avec que la marmotte ...*

No to jsou věci, die haben auch schöne Lieder ...

Einer der deutschen Wanderer rief:

Die blauen Dragoner!

Da sangen alle Deutschen mit. Ein anderer holte sich von Bellmann die Gitarre: *Ein Heller und ein Batzen, die waren beide mein, der Heller ward zu Wasser, der Batzen ward zu Wein.* Immer lauter und trutziger wurden die Lieder, plötzlich lagerten Landsknechte am See und drängten die Wanderer zur Seite, Landsknechte mit Fahnen, Waffen und Trinkbechern. Ein verlorener Haufen, der *Mauern erklettert* und *Türme zerschmettert*, denn wer in diesen Zeiten leben will, muss haben *ein tapfres Herz*. So viele Feinde rundherum, die durch die Lieder geistern und die Gemüter erhitzen, da heißt es marschieren, marschieren, selbst *wenn alles in Scherben fällt*, denn *heute gehört uns Deutschland und morgen die ganze Welt ...*

He, he, rief da Jindra, das singen die doch drüben im Reich!

Eure Legionärslieder sind auch nicht besser, erwiderte Ossi.

Die Stimmung drohte zu kippen. Da nahm Bellmann wieder die Gitarre und sang:

Ein Freund, ein guter Freund,
das ist das Beste, was es gibt auf der Welt ...

Die Gesichter entspannten sich. Die Comedian Harmonists mochten alle, das waren keine Nationalisten, da waren sogar Juden dabei.

Und kennt ihr das?

Ich kam aus Alabama übern großen Teich daher,
ich hatte kein Pyjama und
auch keinen Strohhut mehr ...
Oh Susanna, das ist schon lange her,
drum wein dir nicht die Augen aus,
wenn ich nicht wiederkehr ...

Das Lied kannten alle, die einen sangen es deutsch mit, die andern tschechisch und einige sogar englisch.

Trampské písničky, rief einer, Trampsongs, kannst Du auch *Cariboo*?

Klar, sagte Bellmann und legte los: *Do ranní mlhy když stín tvůj se řítí, ó, Cariboo, ó, Cariboo,* im Morgennebel, wenn der Schatten fällt, im fernen Kanada, im Cariboo-Distrikt, wo einst der Goldrausch die Gemüter in den Wahnsinn trieb, wie glänzten da die Berge, wie glänzte da die Sehnsucht in allen Augen hier am See.

Der singt ja genauso gut tschechisch wie deutsch!

Kein Wunder, der hat ja auch eine tschechische Mutter.

Und jetzt ein Lied, das ihr sicher alle kennt, rief Bellmann, von Voskovec und Werich:

> *Život je jen náhoda, jednou jsi dole, jednou nahoře ...*
> *Das Leben ist ein Zufall nur, einmal bist du unten, einmal oben ...*

Als Bellmann *teče voda, teče* anstimmte, das Lieblingslied des Präsidenten, ihres gemeinsamen Präsidenten, da sangen alle Tschechen mit und nicht wenige Deutsche, da wanderte das Lied über den See und kam von der Felswand als fernes Echo zurück. Da kannte die Begeisterung keine Grenzen, die Wanderer umarmten sich, der Wirt gab eine weitere Runde aus, und die Jungen saßen so vertraut um das Feuer, als ob es keine Gegensätze und keine Rivalität gäbe. Zu diesem Zeitpunkt ahnte niemand, dass Masaryk noch vor Jahresende sein Präsidentenamt abgeben und nur noch zwei Jahre leben sollte.

*

Und Tomaschek, der sich plötzlich an all das erinnerte, als ob es Gegenwart wäre, als ob er es in diesem

Augenblick sehen und hören könnte, blieb an einer Kehre des Weges stehen, weit unten zwischen den Bäumen der glitzernde See, weit über ihm die Stimmen vom Obelisken:

Drei Jahre, murmelte er, drei Jahre, und alles ging den Bach hinunter ...

Als er unten am See ankam, schlug ihm der gleiche Lärm entgegen wie oben. Tschechische, österreichische und englische Stimmen, die das Wunder der offenen Grenze in den Sommertag posaunten. Zwischen Granitsteinen und Farnen suchte er einen Weg am Ufer, bis er einen versteckten Platz fand. Hier legte er seinen Rucksack ab, zog sich das verschwitzte Hemd und die Schuhe aus und ließ die nackten Füße ins Wasser hängen. Minutenlang saß er regungslos da und beobachte das Licht- und Schattenspiel auf dem See. Kein Windhauch trübte den Spiegel, die Sonne warm und schwer auf seiner Haut, die Stimmen der Wanderer in angenehmer Ferne.

*

Lange war ihm der Sieg beim Armdrücken nicht aus dem Kopf gegangen. Hatte er wirklich gewonnen, oder hatte Jan ihn gewinnen lassen? Doch warum hätte er das tun sollen?

Als das Streichquartett im Herbst wieder einmal in Hadravas Haus in der Prager Vorstadt übte, schloss sich Tomaschek seinem Vater an und wurde von Jan so selbstverständlich in sein Zimmer eingeladen, als ob sie sich verabredet hätten. Über seinem Bett hing eine Weltkarte mit Radiostationen, auf dem Bücherbrett über dem Schreibtisch standen zwei weiße Gipsfiguren.

Kopernikus und Galilei, erklärte Jan und zeigte Karl den Radioempfänger, den er zusammengebaut hatte. Vor seinem Fenster ein Drahtgewirr, das sich bis zum Dach hinauf spannte.

Ich kann Sender aus ganz Europa empfangen, aus Italien, Frankreich, Russland und manchmal sogar aus Amerika, sagte er, und reichte Karl einen zweiten Kopfhörer. Wir müssen nur leise sein, damit wir die Musiker nicht stören. Dann dreht er so lange am Senderknopf, bis sich aus dem Knacken und Rauschen eine klare Stimme löste.

Spanisch, fragte Karl?

Portugiesisch, sagte Jan.

Das war eine Welt, die Tomaschek nicht kannte. Bei ihm zuhause interessierte sich niemand für Technik, und wenn sie Radio hörten, dann war das die Prager deutsche Sendung. Seine Hobbys waren Fußball, Schifahren, Abenteuerromane, *Das Auge des Fo, Lederstrumpf, Winnetou*.

Sag mal, im August, am Plöckensteinersee ...

3 zu 3, das war doch gut so.

Hast du mich nicht absichtlich ...

Unglaublich, wie euer Bellmann singen kann. Stimmt es, dass er eine tschechische Mutter hat?

Ja, aber sag schon, war das absichtlich?

Wir können ja ein Fußballspiel organisieren. Eure Jugend gegen unsere. Dann sehen wir, wer besser ist.

Turner gegen Sokol?

Die Fußballclubs natürlich. Du spielst doch auch in der Jugend, wir müssen das irgendwie als Vorspiel unterbringen.

So hatten sie sich damals unterhalten im September 1935, aus einem Nachbarzimmer erklang das Spiel des Streichquartetts, in den Kopfhörern rauschte Musik aus Brasilien, und Tomaschek hatte einen Augenblick lang den Eindruck, dass dieser Jan ein ganz patenter Junge sei.

Bist du ein Schiläufer, fragte Jan, als sie sich verabschiedeten? Natürlich war Karl ein Schifahrer, ein begeisterter sogar.

Du kannst ja vorbeischauen, wenn im nächsten Jahr die Olympiade beginnt. Dann hören wir uns die Übertragung an.

Als sich Karl verabschiedete, standen zwei Mädchen vor der Haustüre.

Meine Schwester Alena und ihre Freundin Lenka, stellte Jan sie kurz vor.

Auf dem Nachhauseweg in die Linzer Vorstadt blieb Karl auf dem Ringplatz vor dem Eckhaus mit dem Café Central stehen und starrte auf den gelben Bienenkorb, der dort als Halbrelief an der Wand zu sehen war. Der Korb verwandelte sich in das Gesicht von Lenka, ihre Sommersprossen tanzten wie Bienen um ihre Wangen, so lächelte sie ihn an und schaute ihm nach, während er weiterging und sich schon lange nicht mehr so gut gefühlt hatte, wie in diesem Augenblick ...

Mein Gott, Lenka, sagte Tomaschek und verzog schmerzlich das Gesicht. Er zog sich Hemd und Schuhe an, nahm seinen Rucksack und ging am Ufer entlang zum Kronprinzenstein ...

Nach dieser ersten Begegnung hatte er sich öfters mit Jan getroffen. Wenn das Streichquartett bei ihren Vätern übte, wurde es zur Gewohnheit, dass sie sich besuchten, was Karl umso lieber tat, nachdem er herausbekommen hatte, dass Lenka im Nachbarhaus von Jan wohnte. Ansprechen traute er sich das Mädchen nicht, auch wenn er sie öfters sah, im Garten ihres Hauses, auf dem Markt am Ringplatz oder in einem der Kinos. Die Idee eines Jugendspiels nahmen beide Fußballvereine freundlich auf, wenn es wieder einmal ein Freundschaftsspiel geben sollte, könne man an ein Vorspiel der Jugend denken, warum nicht, im nächsten Frühjahr vielleicht. Niemand hatte etwas dagegen, aber es setzte sich auch niemand dafür ein.

Doch die Olympiabegeisterung wuchs nach dem Jahreswechsel von Woche zu Woche, immer wieder saßen die beiden mit den Kopfhörern in Jans Zimmer und lauschten auf die Radioberichte, die das Sportereignis ankündigten. Jedes Mal, wenn Jan die dumpfen Gralsglocken aus Wagners Parsifal einfing, das Pausenzeichen des Münchner Reichssenders, spürte Karl eine kribbelnde Unruhe, die durch seinen Körper wanderte und alle Türen der Begeisterung öffnete. Er brauchte nur noch einzusteigen und davonzufliegen, so einfach war das, in Budweis zu bleiben und zugleich in Garmisch-Partenkirchen aus einem imaginären Flugzeug zu steigen.

Als die Spiele am 6. Februar eröffnet wurden, saßen sie in der höchsten Reihe der Tribüne zwischen den Zuschauern und starrten in das Schneegestöber, in den „immer dichter" werdenden „Flockentanz", wie der Radio-Reporter sagte. Sie jubelten laut auf, als der Reichskanzler die Spiele eröffnete und Willy Bogner den Olympischen Eid sprach:

Wir schwören bei den Olympischen Spielen ehrenhafte Kämpfer zu sein!

Ehrenhafte Kämpfer, das waren auch sie in Budweis und zugleich im Schneegestöber von Garmisch, vor sich die „weite Fläche des Innenraums der Schanze", auf der die olympischen Nationen an ihnen vorbeimarschierten, „an der Spitze Griechenland", ganz heiser vom Rufen und Schreien ihre Stimmen, ganz rot ihre Wangen von der Aufregung des Dabeiseins, des Zuhörens und Hinüberhörens, ihre Körper so leicht und unsichtbar wie die Radiowellen, die keine Grenzen, keine Berge und keine Entfernung kannten. So hatten sie den Tag der Eröffnung erlebt.

Und als sie am 10. Februar bereits um 9 Uhr zusammensaßen und weder den Teller mit Kolatschen, noch die Karaffe mit Zitronenwasser beachteten, die ihnen Jans Mutter auf den Tisch gestellt hatte, da wuchs die Begeisterung erneut von Minute zu Minute. Jan drehte aufgeregt an dem Senderknopf, und Karl drückte sich die Kopfhörer auf die Ohren.

Jetzt hab ich ihn, rief Jan, aus dem Rauschen klang die Olympiafanfare, und der Radiosprecher kündigte den Start der 4x10-Kilometer-Staffel an. 16 Nationen, darunter die Mannschaften von Deutschland, Frankreich, Österreich und der Tschechoslowakei. Die Favoriten aber waren die Skandinavier.

Ich tippe auf die Norweger, sagte Jan.

Ich auf die Finnen, meinte Karl.

Und unsere Läufer natürlich, Cyril Musil, der beste von allen, rief Jan.

Gustl Berauer, widersprach Karl, ein Sudetendeutscher!

Tschechoslowaken, alle beide!

So begeisterten und übertrumpften sie sich und steigerten sich in eine Wettkampfstimmung hinein, bis sie selber auf den Schiern standen und im Stadion auf die Rückkehr der ersten Läufer warteten, auf den Schulterschlag als Zeichen loszulaufen, angefeuert von den Lautsprecherstimmen und den Rufen der Zuschauer, immer bergauf, bergauf, sieben Kilometer in der Runde, schließlich zurück in das Stadion, in das Lärmen und Rufen, ihr keuchender Atem, die schneidende Luft in den Lungen, die tanzenden Gesichter vor den Augen. Eine Jacke über die Schultern, ein warmer Tee, der Blick auf die Uhr, auf die anderen. Doch es reichte nicht, es hatte nicht gereicht zu einer Medaille, die Finnen hatten gesiegt, hauchknapp vor den Norwegern, die Schweden wurden dritte.

Hab ich's nicht gesagt, rief Jan, die Skandinavier sind nicht zu schlagen.

Und die Italiener sind vierte geworden!

Dann aber, sie konnten es kaum fassen, die tschechoslowakische Mannschaft an fünfter Stelle.

Noch vor den Deutschen, rief Karl.

Vor den Polen, triumphierte Jan.

Sie sprangen auf und tanzten durch das Zimmer.

Wir sind die besten, riefen sie auf Deutsch und Tschechisch, *my jsme nejlepší*, besser als die Deutschen! Als die Polen!! Als die Österreicher!!!
Weil Musil so schnell gelaufen ist!

Und Berauer noch schneller!

Und Mihalák am schnellsten!

Fast wären sie sich in die Haare geraten. Aber die Begeisterung war stärker als jede Rivalität, sie waren besser als die Deutschen und die Polen, das zählte, ihre Mannschaft, ihre tschechoslowakische Mannschaft.

*

Wie bubenhaft sie sich damals gefreut hatten, damals vor 50, vor 54 Jahren, in Jan Hadravas Zimmer, und Tomaschek hatte keine Ahnung, was aus Jan geworden war, was er machte, wo er lebte, ob er überhaupt noch lebte. Und er wollte es auch gar nicht wissen, nach all dem, was 1945 passiert war, wenige Tage nach dem Ende des Kriegs, als sie sich zum letzten Mal gesehen hatten, nicht einmal einen Kilometer von hier.

Als er die Lichtung betrat, erkannte er sofort die vier großen Felsblöcke, vor denen sich die Tragödie ereignet hatte, rundherum Blaubeerstauden, Büsche und Bäume, ein eigenes Schild bezeichnete die Stelle, an dem zwei Wege zusammentrafen, „*Pod Kamenným mořem* – Unter dem Steinernen Meer", wie die Tafel eines verschwundenen Ortes, eine Ortstafel, die für immer das Verbrechen markierte, das hier geschehen war. Tomaschek setzte sich auf einen der Blöcke, in seinen Ohren rauschte der Wind, der durch die Bäume fuhr, rauschte die Vergangenheit so stark, dass alle anderen Laute, die Stimmen der Wanderer, die hellen Stimmen der Kinder und der Vögel unhörbar wurden. Und je länger er auf dem Block saß, umso stärker holte ihn die Vergangenheit ein, umso stärker begann er zu zittern, seine Schultern, sein Kopf, er presste die Hände ans Gesicht, das Zittern ließ sich nicht bändigen, immer stärker nahm es von ihm Besitz, von seinem ganzen Körper, ein Schluchzen brach aus ihm heraus, das sich wiederholte und wiederholte, ihn schüttelte und würgte. Tomaschek weinte so heftig, wie er noch nie geweint hatte, er sah und hörte nichts mehr, in ihm ein nachtdunkles Bild der Vergangenheit, eine verschwommene Szene, die nicht schärfer, nicht klarer werden wollte, eine eiserne Tür in seinem Gedächtnis, die die Erinnerung verschlossen hielt.

Da spürte er eine Hand auf seiner Schulter, hörte er eine weibliche Stimme:

Ale pane, co je vám? Eine andere:

Potřebujete pomoc? Eine männliche Stimme, und Tomaschek, der so lange nicht tschechisch gesprochen hatte, verstand alles, verstand, was sie sagten, die Botschaft der Stimmen deutlicher als die Bedeutung der Worte, das Mitgefühl, die Sorge, die Hilfsbereitschaft. Er blickte in zwei ältere Gesichter mit weißen Haaren, nahm die gereichte Wasserflasche und trank einen Schluck. Und als der Mann ihm die Hand auf die Schulter legte und leise fragte:

Die Erinnerungen?

Da nickte Tomaschek nur, die verdammten Erinnerungen.

Ja, sagte der Mann, ich kenne das, plötzlich sind sie da, und man ist wehrlos wie ein kleines Kind.

Tomaschek nahm noch einen Schluck, gab die Flasche zurück und sagte:

Sie lassen uns nicht in Ruhe.

Vielleicht lassen auch wir sie nicht in Ruhe.

Können wir das?

Ich weiß es nicht, sagte der Mann, reichte ihm die Hand, verbeugte sich leicht und machte sich mit seiner Frau auf den Weg zum See hinauf.

Tomaschek wischte sich die Tränen von den Wangen und nahm seinen Rucksack. Wie konnte das nur passieren, das war ihm noch nie passiert, er wusste doch, was er suchte, was er vorhatte. Was wollte der Tscheche überhaupt mit seiner Frau? Die Erinnerungen in Ruhe lassen? Der Weg führte in den Wald hinein, ein Hohlweg mit großen blankgescheuerten Steinen, ein altes Flussbett. Bald erreichte er eine asphaltierte Waldstraße mit tiefen Kerben von Panzerketten, daneben ein Wiesenstreifen, aus dem vereinzelte Holzmasten ragten. Hier musste der Eiserne Vorhang verlaufen sein, der Stacheldrahtzaun mit elektrischen Leitungen, Scheinwerfern, Hundepatrouillen und menschlichen Tragödien. Abmontiert und abtransportiert. Wie sollte er die Erinnerungen in Ruhe lassen, wenn sie nicht einmal existierten, nur eine abgrundschwarze Fläche, ein pochendes Herz, eine beklemmende Angst. Damals im Mai 1945 gab es hier keinen Eisernen Vorhang, keinen Stacheldraht, man konnte ungehindert über die Grenze schleichen, musste nur aufpassen, dass man keinen deutschen Soldaten begegnete, keinen Amerikanern, keinen tschechischen Partisanen. Er kannte die Gegend ja, kannte sie von Fahrten und Ausflügen, von Zeltlagern und Nachtgeländespielen, da konnte gar nichts passieren, wenn man wusste, wie man sich unsichtbar machte.

*

In den letzten Kriegstagen hatte er im Budweiser Krankenhaus gedient. Sanitätsoberfeldwebel Tomaschek. Doch was war aus dem Krankenhaus geworden! Eine Notfalleinrichtung für verwundete und sterbende Soldaten, kaum noch Verbandszeug, Spritzen,

Morphium. Der beißende Geruch von Formaldehyd. Jeden Tag Tote, die abtransportiert wurden, die Zimmer überbelegt, das Wimmern und Stöhnen kaum weniger zu ertragen als der Gestank. Die übermüdeten Gesichter der Ärzte und Schwestern. Die versteinerten Mienen der SA- und SS-Leute mit ihren Maschinenpistolen. Die blechernen Radiomeldungen, die Durchhalteparolen. Und eine Nervosität, die von Tag zu Tag größer wurde, sich zu einer unheilvollen Mischung aus Angst, Verzweiflung und Unterwürfigkeit verdichtete.

Plötzlich waren die SA-Leute verschwunden, Ossi unauffindbar, und die tschechischen Pflegekräfte weigerten sich, deutsche Patienten zu behandeln. Tomaschek, der mit seinem halben Medizinstudium die Verbandsplätze von Afrika und Italien erlebt hatte und zuletzt nach einer Verwundung in seine Heimatstadt versetzt worden war, mitten in das Chaos der letzten Kriegstage, Tomaschek wusste, dass es nur das rote Kreuz auf seiner Armbinde war, das ihm noch einen Rest an Legitimität und Schutz sicherte.

Hier war er den Befehlen von deutschen und tschechischen Ärzten, von Wehrmachtsoffizieren, SA-Leuten und städtischen NSDAP-Führern ausgeliefert, Befehle deren Widersprüchlichkeit einen Freiraum schuf, der von Tag zu Tag unheimlicher und gefährlicher wurde. Hier hörte er den letzten Tagesbefehl von Karl Hermann Frank, dem Staatsminister im Protektorat: *Für uns ist der Führer nicht tot, weil die Idee weiterlebt ... Jeder erfüllt seine deutsche Pflicht.*

Die deutsche Pflicht ... Einen Tag vor der Ankunft der Roten Armee erschien ein Lastwagen der Wehrmacht mit verwundeten Soldaten, die durch die Gänge getragen, abgeladen und ihrem Schicksal überlassen wurden. Tomaschek erkannte einen Budweiser Fußballer unter ihnen, Erich Beranek, mit dem er in der DFC-Jugend gespielt hatte, der mit einem blutgetränkten Brustverband röchelnd am Boden lag und kaum reden konnte.

Wasser, flüsterte er, gib mir Wasser. Tomaschek holte eine Karaffe und hielt sie ihm an den Mund. Und Erich erzählte, versuchte zu erzählen:

Die Kisten, Tomaschek, zur Seehütte, weiß der Teufel, was die Offiziere ... Der Hochholdinger ... da haben sie gleich mit Waffen ...

Was für Kisten?

Gold, Tomaschek, Schnee, stecken geblieben, alles versteckt, Wasser ...

Tomaschek hielt ihm die Karaffe hin. Der Soldat schüttelte den Kopf: Wasser, vergraben. Hier ... Er griff nach seinem Essbeutel, ich schaff's nicht mehr ...

Du schaffst das schon, sagte Tomaschek.

Nimm, Karli, bevor die Amerikaner, die Russen ...

Tomaschek wurde gerufen. Er nahm den Beutel.

Ich komme wieder, Erich, verlass dich drauf.

Als er am Abend den Beutel öffnete, fand er ein Gebetsbuch darin mit einem Heiligenbild, sonst nichts. Am nächsten Morgen war die Stadt von der Roten Armee besetzt. In allen Straßen hingen tschechoslowakische Fahnen. Auf dem Weg zum Krankenhaus sah Tomaschek tschechische Burschen, die deutsche Frauen anhielten, ihnen Taschen und Körbe abnahmen und sie schlugen, wenn sie sich zu wehren versuchten. Im Krankenhaus waren die Gänge leer, die Zimmer mit russischen und tschechischen Patienten belegt.

Wo sind die anderen Patienten?

Wo werden sie schon sein, sagte eine Krankenschwester, die nur noch tschechisch sprach, wir brauchen die Betten für unsere Leute und für die russischen Soldaten. Vielleicht findest du jemand im Keller, schau doch nach!

Was Tomaschek in den Kellerräumen sah, erinnerte ihn an die Feldlazarette im Krieg. Im Gang stöhnende Soldaten, die man zusammengeschlagen hatte, in einem Zimmer deutsche Patienten, mehr abgeladen als gebettet, ihrem Schicksal überlassen. Im Heizungskeller fand er Erich, sein Gesicht blutverschmiert, ein Auge zugeschwollen, die Brustwunde unbehandelt.

Hast du das Gebets ..., das Buch, flüsterte er.

Ja, sagte Tomaschek, aber was soll ich damit?

Wasser, stammelte Erich, Tomaschek reichte ihm die Karaffe, Erich jedoch schüttelte den Kopf, gut, Wasser, sagte er.

Gutwasser?

Beranek nickte: Licht, Sicht ... er brachte kein Wort mehr heraus. Hinter Tomaschek stand ein tschechischer Arzt:

Was zum Teufel suchen Sie hier? Wir brauchen oben alle Kräfte für unsere Patienten!

Tomaschek salutierte und folgte dem Arzt. Erich Beranek hat er nie mehr gesehen.

Die haben dich einfach verrecken lassen, Erich, zusammengeschlagen und liegengelassen. Und Lenka haben sie den Kopf kahl geschoren, weil sie mit einem Deutschen gegangen ist, mit Stallbaum. Wie oft hatte er sie gewarnt, zu warnen versucht, aber sie hatte ihn nur ausgelacht.

Bist du vielleicht eifersüchtig, Karli?

Und Ossi, der ihn ständig aufzog, seit er bemerkt hatte, dass Tomaschek ein Auge auf sie geworfen hatte, seit dem Abend beim Háječek, als sie dort herumlungerten und Lenka betont langsam an ihnen vorbeigeschlendert war.

*

Hast dich wohl in die kleine Tschechin verschaut?

Wie kommst du denn darauf, stotterte Tomaschek verlegen.

Die Freunde lachten und Ossi spottete:

Aber Karlimann, wir haben doch gesehen, wie du ihr nachgeschaut hast.

Habt ihr doch alle.

Haben wir, aber dir sind ja gleich die Augen rausgefallen.

Unsinn.

Das ist doch die Blonde vom Handl-Ball, sagte Bellmann, mit der Ossi im letzten Jahr getanzt hat. Das hättest du wohl auch gern?

Ich doch nicht, log Tomaschek.

Du willst sie mir doch nicht ausspannen, feixte Ossi. Pass nur auf, dass du keine Rassenschande begehst.

Immer noch besser als ein Judenmädel, meinte der Apotheker.

Das wär ja noch schöner!

Schlimm genug, dass sie noch in unsere Klassen gehen.

Möchtest du mit einer Rachel oder einer Esther befreundet sein?

Wirklich nicht, rief Czerny, dann schon lieber mit einer Jana oder einer Lenka. Die haben wenigstens noch eine Ahnung von deutscher Kultur.

Das haben die jüdischen Schüler auch, sagte Tomaschek, froh, von Lenka Pokorná ablenken zu können.

So ein Schwachsinn, ereiferte sich Bellmann, die haben nur ihren Moses und ihren Abraham im Kopf.

Also Elsa Adler ist in unserer Klasse die Beste in Deutsch.

Das glaubst du doch selber nicht.

Frag den Herz, frag unseren Professor.

Der ist ja auch ein Mosaischer.

Und kennt die tschechische Literatur genauso gut wie die deutsche.

Der scheint dich ja mächtig beeindruckt zu haben.

Erinnert ihr euch nicht, wie er bei der Schulfeier über Mácha gesprochen hat?

Der hätte lieber über Goethe oder Schiller sprechen sollen.

Pass nur auf, Tomaschek, dass du nicht auf Irrwege gerätst.

Also wenn du nicht so ein guter Fußballer wärst ... Und überhaupt, gefallen euch die anderen Mädchen etwa besser als unsere eigenen?

Alle lachten und riefen durcheinander: Aber nein, die sind die besten!

Das will ich doch meinen, sagte Ossi, es geht nichts über ein deutsches Mädel.

*

Na-Handl, Na-Wechsel, dazu hatten sie in den Schulen aufgerufen, hatte die Budweiser Zeitung aufgefordert, Eltern, die ihre Kinder über den Sommer in eine tschechische Familie schicken und im Wechsel ein tschechisches Kind aufnehmen wollten, sollten sich melden. Und Tomašek war bei einer tschechischen Familie gewesen, und ein Jahr später, wenige Wochen nach dem Besuch des Präsidenten in der Stadt, wurden alle zu einem „Fest des guten Willens", zum Handl-Ball auf die Schützeninsel eingeladen, mit Bier, Wein, Lampions und Tanzmusik. Schlager und Evergreens, eine deutsche und eine tschechische Kapelle, die abwechselnd spielten, das hatte es schon lange nicht mehr gegeben.

Tomascheks Vater meinte, das wäre gar nicht so schlecht, da könne er ruhig hingehen, schließlich sei er im Vorjahr „auf Handl" gewesen. Tomascheks neuer Deutschlehrer wog bedächtig den Kopf, das soll er sich gut überlegen, an und für sich spreche nichts dagegen, es sei vielleicht sogar eine gute Sache, aber man wisse nicht genau, wie das ausgelegt werde. Der Budweiser Oberturnwart lehnte es strikt ab, da gehen wir auf keinen Fall hin, das ist eine Verwässerung unserer nationalen Besinnung, ein Trick der Regierung, um die Deutschen zu assimilieren.

Hadravas Vater hielt das Fest für eine gute Idee, da solle er nur hingehen. Hadravas Tschechischlehrer war sich nicht so sicher, was hinter einem solchen Fest steckt, aber es sei ja von der Stadtverwaltung genehmigt worden, und nach dem Besuch des Staatspräsidenten könne es eigentlich nicht falsch sein. Hadravas Sokolchef war strikt dagegen. Das sei wieder so ein rührseliger Versuch, die nationalen Gegensätze zu missachten und so zu tun, als ob wir nur ein Bier zusammentrinken müssten, um alle Spannungen aus der Welt zu schaffen.

Da gehen aufrechte Sokolleute auf keinen Fall hin!

So hatten Jan und Karl sich gegenseitig berichtet und zum ersten und einzigen Mal gemeinsam über die Ansichten hoher Turner- und Sokolführer gelacht. Denn ganz so nationalbewusst waren die Turner um Ossi und die Sokolleute um Jindra nicht, jedenfalls nicht nach dem Liederabend am Plöckensteinsee vor zwei Jahren.

Das ist was anderes als der langweilige Tanzkurs im Deutschen Haus, sagte Ossi. Und Tomaschek hoffte insgeheim, dass auch Lenka kommen würde.

*

Jetzt stand er am Schwarzenbergschen Schwemmkanal und schaute in den zugewachsenen Graben, der davon übriggeblieben war. Was hatten sie von diesem Kanal nicht alles in der Schule gelernt, von der Meisterleistung seines Erbauers im 18. Jahrhundert, wie oft waren sie hier als Jugendliche entlanggegangen, auf dem Weg zum Lager oder auf der Suche nach einem versteckten Schatz. Jetzt wanderten hier die Rucksacktouristen der Grenzöffnung, weniger schon als beim Plöckensteinsee, aber immer noch jeden Schritt kommentierend und fotografierend, Engländer, Holländer, Tschechen und Österreicher. Ohne spürbares Gefälle schlängelte sich der Kanal durch den Wald, auf eine Lichtung hinaus auf eine Kaserne zu, vor der Soldaten standen und winkten, Burschen, die die Fratze des Kalten Krieges wie eine Maske abgenommen hatten und ihre jungen neugierigen Gesichter zeigten.

Doch Tomaschek hatte keine Lust, mit ihnen zu sprechen, er verließ den Weg und wanderte hangabwärts über die Lichtung, auf einen riesigen Drahtverhau zu, einem Gewirr von Stacheldraht, zersplitterten Holzmasten und Porzellanisolatoren, aufgetürmt und abgelegt, als ob der Raubvogel des Kalten Krieges hier sein Gewölle herausgewürgt hätte. Wie lächerlich Tomaschek der Schrecken plötzlich vorkam, der von diesem Drahtverhau ausgegangen war, wie schnell sich die Bedrohung des Eisernen Vorhangs verflüchtigt hatte, sobald er nur noch eine formlose Masse, Abfall, Altmetall war.

Er ging um das Gewölle herum und weiter abwärts auf einen unbesetzten Wachtturm zu, dessen olivgrünes Gestänge wie eine verdorrte Pflanze aus der Wiese ragte. Als er auf der Metallleiter Sprosse für Sprosse nach oben stieg, erfasste ihn dann aber doch eine seltsame Unruhe, hatte er plötzlich das Gefühl, in die durchsichtige Larve eines Wächters hineinzusteigen, die hier oben zurückgeblieben war vom letzten Posten, der die Gegend nach Staatsflüchtlingen abgesucht hatte. Mit einem Mal hatte Tomaschek das Gefühl, die Gedanken dieses Postens zu lesen und mit seinen Wächteraugen durch die Jahrzehnte zurückzublicken, bis zum Beginn der Absperrung, zur Errichtung des Eisernen Vorhangs. Und weiter zurück bis zur Mitte der 30er Jahre, zum Jahr der Olympiade, als er mit Jan Hadrava die Reportage der Schiwettkämpfe so begeistert angehört hatte.

Damals hatte sich bei ihnen der Wunsch, zur Olympiade nach Berlin zu fahren, zu einer fixen Idee verfestigt. Tagelang überlegten sie, wie sie das bewerkstelligen könnten. Sportlehrer Mink vom Staats-Oberrealgymnasium führte im Deutschen Haus Turnwettkämpfe durch, um mit den Gewinnern nach Berlin zu fahren. Was für eine verlockende Möglichkeit. Tomaschek jedoch kannte die Turner seiner Schule und wusste, dass er gegen sie keine Chance hätte. Als Fußballer, ja, aber Fußball stand nicht auf dem Programm. Außerdem, was hätte er Jan sagen sollen? Das Angebot richtete sich an deutsche Gymnasiasten, nicht an tschechische. Immer wieder überlegten sie, wie sie nach Berlin kommen könnten, mit dem Zug oder mit einem Omnibus, stundenlang studierten und verglichen sie Fahrpläne. Jan hatte die Idee, mit einem Paddelboot auf der Moldau und auf der Elbe abwärts zu fahren und sich von Wittenberg aus nach Berlin durchzuschlagen. Ständig verfolgten sie Ankündigungen und Berichte in den Zeitungen, zählten ihr gespartes Geld und überlegten, wie sie ihren Eltern eine Zustimmung abringen könnten. Doch Tomascheks Vater war von der Idee nicht angetan, und Jans Vater lehnte sie rundweg ab. Aber sie wollten, sie durften, sie konnten diese Möglichkeit nicht vorübergehen lassen.

Als die Budweiser Zeitung vom 1. April 1936 das Bild eines fliegenden Reporters zeigte, der von einem Doppeldecker in ein aufgehaltenes Sprungtuch sprang, kannte ihre Begeisterung keine Grenzen. Ein Aprilscherz? Nein, das konnte kein Scherz sein, so trainierten, so mussten die Reporter trainieren, nicht weniger hart als die Sportler für den olympischen Fackellauf, der quer durch die Tschechoslowakei gehen sollte, von der österreichischen Grenze auf der Staatsstraße über Wittingau, nicht einmal 25 Kilometer von Budweis entfernt.

Das war ganz in der Nähe, und plötzlich hatten sie eine Idee, die sie nicht mehr losließ. Da könnten sie mit den Rädern hinfahren. Und wenn sie dann den Fackelläufern einfach hinterherfuhren, quer durch die Tschechoslowakei und durch Deutschland, wer sollte sie da aufhalten? Den Krach zuhause würden sie in Kauf nehmen. Einfach mitradeln in dem Pulk der Läufer und Begleiter, über die Grenze bis nach Berlin, mitgezogen und mitgetragen von der olympischen Begeisterung, das musste klappen, das war ihre Idee.

Am 29. Juli in aller Früh sollten die Läufer an der Grenze zwischen Niederösterreich und Südböhmen, ankommen.

Das wird einen ganz schönen Auflauf geben, vermutete Tomaschek.

Da sollten wir schon am Mittwoch hinfahren, meinte Hadrava. Doch sie waren nicht die Einzigen, die so dachten. Je näher sie der Grenze am Mittwochabend kamen, umso belebter wurde die Straße. Autos, Motorräder, gaffende Leute und Soldaten, die quer über die Straße ein Transparent mit der Aufschrift *„ZDAR OLYMPIJSKÉMU BĚHU!“* – „Gruß dem olympischen Lauf“ errichteten, und nervöse Grenzbeamte, die alle verscheuchten, die zu nahe kamen:

Verschwindet, hier könnt Ihr nicht bleiben, kommt morgen wieder!

So hatten sie sich das nicht vorgestellt, sie fuhren in den Wald hinein, bis sie eine versteckte Wiese fanden, auf der sie ihre Decken ausbreiteten und ein Feuer anzündeten. Wie viel Wasser hatten sie noch, wie viel Verpflegung, wie würden sie das am Morgen machen, wenn schon jetzt so viele Leute da waren?

Am besten lassen wir die Räder hier und gehen zu Fuß, meinte Tomaschek.

Als sie am nächsten Morgen zur Grenze kamen, standen bereits viele Schaulustige am Straßenrand,

Polizisten und Grenzer scheuchten sie nicht mehr zurück und unterhielten sich mit ihren österreichischen Kollegen.

Weißt du was, wir klettern auf eine der Fichten, schlug Jan vor. Immer mehr Leute kamen zur Grenze, zu Fuß, mit Rädern und Motorrädern. Autos parkten in einer langen Reihe am Straßenrand, die Filmautos und die schwarzen Limousinen der Ehrengäste. Das Gedränge wurde so groß, dass die Gendarmen Mühe hatten, eine Gasse freizuhalten. Plötzlich hockten auf allen Bäumen junge Burschen, und die hohen Herren nahmen auf der Ehrentribüne Platz, der Landespräsident, der Leiter der deutschen Botschaft in Prag, der Präsident der tschechoslowakischen Union für Leichtathletik, der Bürgermeister von Neubistritz. Immer größer die Aufregung, die Nervosität.

Da kommen sie, rief jemand mit aufgekratzter Stimme, ein lautes Raunen und Rufen, eine weiße Rauchfahne über den Köpfen der österreichischen Fackelläufer, die im Laufschritt daherkamen, gefolgt von einer Ehrenstaffel, aufbrausende Heilrufe, ein vielstimmiges *„Zdar!"*, die Antwort der tschechischen Leichtathleten und Gäste. Der Präsident der Leichtathletik begrüßte die Läufer.

Kannst du etwas verstehen, fragte Tomaschek.

Kein Wort, antwortete Hadrava. Viel zu laut war der Trubel. Der Präsident kletterte auf einen Wagen:

Die Spiele, die Ertüchtigung der Jugend, rief er, die völkerverständigende Mission, nur der Widerstand gewisser Kreise, die Schmierereien, die „Fort mit der Olympiade!" forderten. Hier sei niemand, der so denke.

Voll Inbrunst sangen sie die Staatshymne, die olympische Hymne. Auch Karl und Jan sangen mit, so laut sie nur konnten.

Noch während sie sangen, entzündete der erste tschechische Läufer seine Fackel. Die Ordnungskräfte bildeten eine schmale Gasse, durch die er langsam davonlief, gefolgt von fünf Läufern mit den Landeswappen der Tschechoslowakei, gefolgt von Zuschauern, die ihnen nachliefen, so lange sie konnten, gefolgt von Motorrädern und Autos die neben- und hintereinander fuhren, sich schnitten und behinderten, ein Durcheinander, wie es nicht größer sein könnte, Schimpfen und Lachen bis zu der Fichte herauf, auf der die beiden saßen.

Wahnsinn, rief Karl immer wieder, Wahnsinn ...

Was für ein Wahnsinn, sagte Tomaschek auf dem olivgrünen Wachtturm, von dem er so weit in die Vergangenheit zurückgeschaut hatte, was für eine Euphorie!

Bis nach Berlin waren sie geradelt und hatten die Spiele gesehen, ohne eine einzige Krone, eine einzige Reichsmark auszugeben, als Kabelträger einer tschechoslowakischen Filmgesellschaft! Kaum zu glauben, und was für ein Zufall, dass sie die Leute kennengelernt hatten, dass sie sogar bei ihnen übernachten konnten, mit den Decken auf dem Fußboden. Als Kabelträger im Olympiastadion, näher bei den Sportlern als die meisten Zuschauer, Wahnsinn war das, einfach nur Wahnsinn. Und wurden auf der Rückfahrt mitsamt ihren Rädern bis nach Prag mitgenommen.

*

Als ob das alles nicht geschehen, nicht wahr sein konnte vor 54 Jahren, irgendeine Erfindung, eine Einbildung, stieg Tomaschek die Leiter hinunter. Dann nahm er seinen Rucksack und bahnte sich einen Weg durch die wildwuchernden Gräser, an einem zerfallenen Wegkreuz vorbei und weiter bis zu einem verwitterten Holzzaun, an dem etliche Latten fehlten. Dahinter stand ein kleines Haus mit spitzem Giebel und einem Schornstein aus Ziegelsteinen, abgebröckelter Putz an den Wänden, ein Fenster mit weit geöffneten Läden. Im Garten war niemand zu sehen, aber Wäschestücke hingen an einer Leine, karierte Hemden, farbige Socken und weiße Unterhosen, die sich kaum merklich hin und her bewegten. Ein sanfter Wind war aufgekommen, der Tomaschek an dem Haus vorbeizog, zum See hinunter, zum Moldaustausee, den er noch nie gesehen hatte, nur den alten Lauf der Moldau, den Fluss seiner Kinder- und Jugendjahre.

Hier standen kleine Hütten, die aussahen, als ob man übergroße Spielkarten aneinander gelehnt hätte, sorgfältig hergerichtet und ausgestattet, Familien davor, die beim Essen saßen, beim Abendessen, wie Tomaschek erschrocken feststellte, der vollkommen aus der Zeit gefallen war. Wie lange hatte er sich am Dreiländereck, am Obelisken, am Plöckensteinsee aufgehalten, was hatte er überhaupt gegessen und getrunken, nichts, gar nichts, ein nagendes Hunger- und Durstgefühl im Magen. Wie friedlich die Menschen zusammensaßen, selbst die Kinder, kein Geschrei, kein Streit, Tomaschek schaute ihnen zu, bis ein Mann aufblickte, ihm freundlich zunickte und sich wieder dem Essen widmete.

Wenige Schritte, und er stand am See, ein breiter brauner Streifen zog sich an seinem Ufer hin, als ob er abgelassen worden oder in der Hitze des Sommers zu einem stehenden Fluss verdunstet wäre. Ein seltsames Farbenspiel, das bleiche Grün der Uferwiesen, der braune Streifen der entblößten Erde, die dunkle Silbertafel des Wassers, unmerklich gekräuselt vom Wind. Am Ufer die unbeweglichen Gestalten von zwei Anglern, die schweigend nebeneinander saßen, nicht weit hinter ihnen eine Eisenbahnbrücke, die über das Wasser führte. Tomaschek suchte sich einen Platz bei der Brücke, packte seine Wasserflasche, seine Brotzeit aus und aß zum ersten Mal, seit er sich auf den Weg gemacht hatte. Wie weit der Morgen schon zurücklag, wie fremd und fern ihm die Gegenwart vorkam. Vor etlichen Stunden, vor Jahren aufgebrochen, niemals hätte er gedacht, so durch die Jahrzehnte zurückzugehen, so gepackt zu werden von den Ereignissen der Vergangenheit.

*

Was für ein Jubel damals an der Grenze vor 50, vor 54 Jahren, als die Fackelläufer kamen, und vier Stunden später auf der Straße von Soběslau nach Tabor, an einer Abzweigung, wo sich sogar der Präsident die Ehre gab und die Fackel eigenhändig weiterreichte, der Präsident der Republik, der im Jahr darauf Budweis besuchte, kurz vor dem Handl-Ball.

Der Präsident in Budweis. Alle waren sie aufmarschiert am Ringplatz, damals im Mai 1937, bis in den letzten Winkel drängten sich die Stadtbewohner mit ihren Trachten, Uniformen und Vereinszeichen, die Offiziere der Budweiser Garnison, die Legionäre und die Nationalgarde, die Seminaristen, Priester und Vertreter des Domkapitels, die Fußballer, Segelflieger und Schachspieler, am Samsonbrunnen Frauen und Mädchen mit tschechischen Nationalkostümen. Ein Kopf neben dem anderen, eine Wolke von Stimmen, Pfiffen und Gelächter zwischen den Fassaden, fröhliche Gesichter selbst bei den Turnern, deren gespielte Teilnahmslosigkeit sich immer wieder in offene Neugierde verwandelte. Ein Fanfarenstoß vom Dach des Rathauses, der Präsident betrat mit seinem Gefolge den Platz, näherte sich durch die freigehaltene Gasse der eigens errichteten Tribüne und schaute überrascht dem Aufflattern weißer Brieftauben nach, die die Nachricht dieses Tages in alle Winkel des Böhmerwaldes überbrachten.

Heil unserem Staatspräsidenten, hatte die Budweiser Zeitung geschrieben, und davon geschwärmt, dass dieser Tag einen *überaus bedeutungsvollen Gedenktag* in der Geschichte der Stadt darstelle. Schließlich war der Präsident zum ersten Mal hier.

Zum ersten Mal, lästerte Ossi, und wird gleich zum Ehrenbürger ernannt. Ossi, Tomaschek und die anderen Turner standen mit ihren grauen Hemden und blauen Halstüchern neben der Sokoljugend und den Pfadfindern am Rand des Ringplatzes vor dem Haus mit der Biene.

Mit dröhnender Stimme, die aus den Lautsprechern über den Platz hallte, überreichte Bürgermeister Neumann das Diplom der Ehrenbürgerschaft.

Auch die deutsche Bevölkerung stimme in den herzlichen Willkommensgruß ein, sagte er, verehre sie doch in Dr. Beneš den *Staatslenker, der als würdiger Nachfolger des Präsidentenbefreiers* Dr. Masaryk sein Amt *als großer und kluger Staatsmann* verwalte und jederzeit für *nationale Verständigung, nationale Zusammenarbeit und nationale Gleichberechtigung* eintrete.

Der „Präsidentenbefreier", lachte Ossi, jetzt empfinden wir schon ganz tschechisch.

Wer's glaubt, wird selig, zischelte der Apotheker.

Jetzt hört doch zu, was er sagt, rief Bellmann.

Budweis gehört zu den Städten, die schon vor dem Umsturz die Veränderung des Nationalitätenregimes vorbereiteten, sagte Beneš auf der Tribüne, der seine Ansprache von einem Blatt ablas, vor ihm ein Rundfunkmikrofon, das mit Drahtspiralen in einen Metallring eingespannt war.

Sicher ist sicher, spottete Ossi, damit er nicht vergisst, was er sagen will.

Nicht Gewalt, sagte der Präsident, sei das Mittel zu dieser Veränderung gewesen, sondern *die Veränderung der Gemeindewahlordnung und die natürliche Populationsentwicklung.*

Hört, hört, rief der Apotheker, als ob sie nicht gezielt tschechische Beamte angeworben und unsere Leute zurückgesetzt hätten.

Vielleicht weil eure Leute keine Lust hatten, unsere Sprache zu lernen, gab Jindra lachend zurück, der sich an diesem Tag nicht provozieren ließ.

Ich höre gerne, dass das deutsche Volk diese Entwicklung richtig begreift, sagte der Präsident, *und dass es sich auf dieser Basis zur Zusammenarbeit mit der tschechischen Mehrheit bereiterklärt.*

Wenig später hatten sie erfahren, dass am selben Tag das Luftschiff Hindenburg in den USA explodiert war, am 6. Mai 1937, und in kürzester Zeit verblasste der Präsidentenbesuch hinter der Luftfahrtkatastrophe, bei der fast ein Drittel der Reisenden umgekommen war. Immer wieder diskutierten Tomascheks Freunde die Ursachen, war es ein Blitz, die elektrische Spannung, ein Bedienungsfehler? Jan aber schwärmte mit glänzenden Augen von dem Präsidentenbesuch und hielt Karl die despektierlichen Äußerungen der Turner vor:

Auch wenn er euch als Tscheche nicht nahesteht, er ist trotzdem euer Präsident, unser Staatspräsident, der unseren Respekt verdient.

Und du, hatte Tomaschek gesagt, würdest du ihm mit Respekt und Verehrung begegnen, wenn er ein Deutscher, ein Sudetendeutscher wäre, würdest du das?

Jan hatte mit den Schultern gezuckt. Das Hindenburg-Unglück beschäftigte jedoch auch ihn als Radiobastler und Techniker so stark, dass die Luftkatastrophe den Präsidentenbesuch immer mehr in den Hintergrund rückte. In einer Sache aber waren sie sich beide einig:

Nach diesem Besuch konnte niemand mehr etwas gegen den deutsch-tschechischen Ball sagen. Es war geradezu geboten, daran teilzunehmen, und so kamen sie alle auf den Handl-Ball. Die tschechischen und sudetendeutschen Musiker wechselten sich ab und wetteiferten darin, wer flotter und mitreißender spielte. Bürgermeister Alois Neumann hatte es sich nicht nehmen lassen, zu kommen, der Generalvikar von Bischof Šimon Bárta und Rabbiner Rudolf Ferda saßen an einem der Tische, die Beamten und Handwerker ließen sich nicht lange zum Tanz bitten. Auch ältere Jugendliche, die schon mit der Schule fertig waren und die, die feste Freundschaften hatten, waren sofort dabei. Als es dämmrig wurde und die Lampions leuchteten, hatten sich auch die Freunde von Hadrava und Tomaschek so viel Mut angetrunken, dass sie die Mädchen zum Tanz aufforderten.

Aber es tanzten fast nur Deutsche miteinander und Tschechen mit Tschechen. Bellmann tanzte mit einem Mädchen aus der Parallelklasse, der stämmige Ossi drehte sich mit einer Bäckerstochter, die nicht weniger stämmig war. Tomascheks Blicke aber gingen immer wieder zum Tisch der Sokoljugend hinüber, an dem Lenka Pokorná saß, das blonde Mädchen mit den Sommersprossen. Wie aber sollte er sie ansprechen, wenn sie ständig zum Tanzen aufgefordert wurde, ständig lachend aufstand und jeden Jungen so hingebungsvoll anstrahlte, als ob er der einzige Auserwählte wäre? Ab und zu wanderten ihre Blicke zum Tisch der deutschen Gymnasiasten, und einen kurzen, viel zu kurzen Moment gab es diese Begegnung der Blicke, dieses Aus-dem-Augenblick-fallen, bis Lenkas Augen weiterwanderten, weil Tomaschek nichts unternahm. Da forderte sie der stämmige Ossi auf und Lenka nickte und lachte über das ganze Gesicht …

Hadravas Blicke dagegen suchten immer wieder den Tisch der deutschen Gymnasiasten, an dem auch Elsa Adler saß, ein dunkelhaariges, schlankes Mädchen mit braunen Augen und schmalen Lippen. Sie schien nicht besonders interessiert zu sein, anders als die lachende Lenka schaute sie kaum zu den tanzenden Paaren, unterhielt sich vor allem mit ihrer Nachbarin und wurde nur einmal aufgefordert, was sie aber ablehnte. Elsa, das hatte Tomaschek ihm verraten, war die Mitschülerin, die so gut in Deutsch war und jetzt so abweisend dasaß, dass er sich wunderte, warum sie überhaupt zu dem Fest gekommen war. Zögernd ging Jan zu ihrem Tisch, beugte sich zu ihr und fragte, ob er sie vielleicht gewinnen könne, eine Runde mit ihm das Tanzbein zu schwingen. Wer redete denn so gespreizt? Sie schüttelte den Kopf. Hatte er etwas anderes erwartet? Ob sie vielleicht mit ihm ein paar Schritte spazierengehen würde?

Spazierengehen? Das würde ihm so passen, nein!

Die anderen Mädchen schauten ihn spöttisch an.

Bei Elsa hast du keine Chance.

Warum, fragte Hadrava, und plötzlich fiel ihm ein, weil ich ein Tscheche bin?

Da schüttelte Elsa energisch den Kopf:

Wie kommst du denn darauf? So ein Quatsch!

Dann gefall ich dir einfach nicht?

Sie schaute ihn länger an, sichtlich irritiert über sein Nachfragen:

Doch, sagte sie langsam, du gefällst mir schon.

Dann könnten wir doch einmal zusammen tanzen.

Also gut, damit du nicht glaubst, dass ich etwas gegen Tschechen habe.

Das Fest des guten Willens, damals im Juni 1937, als der gute Wille schon schwächer zu werden begann, wie standen Tomaschek die Ereignisse vor Augen, die schimmernden Lampions, die Blasmusik, der Geschmack des Budweiser Biers, das Geschnatter und Gelächter der Stimmen, die Mischung aus Schweiß, Parfum und Zigarettenrauch.

Damit du nicht glaubst, dass ich etwas gegen Tschechen habe …

Hatte irgendjemand etwas gegen Tschechen, gegen Deutsche, gegen Juden?

An diesem Abend standen alle Türen offen, waren alle versöhnt. Zwei Liebespfeile wurden auf diesem Fest abgeschossen, die lange fliegen sollten, bis sie ihr Ziel erreichten. Aber Jan hatte sich überwunden, hatte sich um Elsa bemüht, während Tomaschek sich nicht getraut hatte, Lenka anzusprechen, und zusehen musste, wie sie mit Ossi tanzte. Damals auf der Schützeninsel.

*

Tomaschek holte die Bibel des Soldaten aus dem Rucksack und schaute sich zum hundertsten Mal das Bild an, auf dem der Heilige Thomas zu sehen war, wie er die Wundmale von Jesus berührt, auf der Rückseite die mit Bleistift geschriebenen, verwackelten Zeilen eines Gebetes oder eines Gedichtes:

Schwarz und klein
Sind Berg und Tal
Gut das Wasser, der Kanal
Im Angesicht der Wälder
Dunkel selbst bei Tageslicht
Sieht man nicht
Und sieht doch Licht
Heilger Thomas, bitt für uns
Heilger Thomas, bitt für uns
Im Angesicht der Wälder

Oft schon hatte er gerätselt, was die Zeilen bedeuten sollten, was der Soldat ihm mitteilen wollte. Hatte er wirklich Gutwasser gesagt oder wollte er nur Wasser haben? Gutwasser, so hießen viele Orte und Kirchen in Böhmen, in Budweis, in Oberplan, in Hartmanitz. Budweis konnte es kaum sein, da war der

Soldat schon verwundet gewesen, aber Oberplan, die Kirche auf dem Gutwasserberg? Ein Grab oder eine Gruft, in der es selbst bei Tag dunkel ist, so dass man nur mit einem Licht etwas sieht? Das konnte es sein, darum hatte Tomaschek auch eine Taschenlampe mitgenommen. Doch vielleicht war das eine Finte, eine Irreführung, vielleicht war der Hinweis auf Berg und Tal wichtiger, auf schwarz und klein, was war schon schwarz und klein. Der Kanal, das war schon eher etwas, ein Kanal zwischen Berg und Tal, aber warum schwarz und klein? Der Schwemmkanal, der Schwarzenbergsche Schwemmkanal, das würde passen. Warum aber im Angesicht der Wälder? Hier waren überall Wälder, und dann der Heilige Thomas, der Zweifler, der helfen soll, vielleicht versteckt sich hier der Sinn, ein versteckter Hinweis auf St. Thoma, der Kirche unter der Burgruine Wittinghausen.

So viele Möglichkeiten. Und wenn er nichts finden sollte, was gut möglich, ja sogar wahrscheinlich war nach all den Jahren, wenn sich die fixe Idee seines langen Wartens in Luft auflösen sollte, würde er dann einfach umkehren und zurückwandern? Oder weitergehen bis nach Budweis, zur Stadt seiner Kinder- und Jugendjahre, aus der schon so viele Gespenster aufgetaucht sind, seit er die Wanderung begonnen hat? War nicht der Schwejda so ein Gespenst, der Mann mit der Metallplatte im Kopf, der immer wieder auf dem Budweiser Ring erschienen ist, wenn Markt war, so wie damals, wenige Tage nach dem Handl-Ball?

*

Tomaschek erinnerte sich gut an diesen Tag, an die Stände und Sonnenschirme, an die Kisten mit Tomaten, Gurken, Kartoffeln und Radieschen, an die Steigen mit Erdbeeren und Kirschen, die Körbe mit

Kräutern und getrockneten Pilzen, die Ofenbleche mit Kolatschen und Streuselkuchen, an die Marktfrauen mit ihren bunten Schürzen und die Hausfrauen mit ihren großen Einkaufstaschen, mit ihren tschechischen und deutschen Stimmen, die in allen Tonhöhen Waren anpriesen, nach dem Preis fragten, lachten, spotteten und tuschelten. Zwischen ihnen kleine und kleinste Kinder, die um die Stände liefen, an Stehtischen Männer, die einen Schnaps tranken, am Brunnenrand Burschen und Mädchen, die Wassertropfen zählten.

Auch Tomaschek war da und schlenderte mit seinen Turnerfreunden über den Platz, als aus einer der Seitenstraßen ein Knattern ertönte, das immer lauter wurde und näher kam. Schließlich bog ein Auto mit aufgeklapptem Dach, großen Kotflügeln und Scheinwerfern auf den Platz ein, ein schwarzer Praga Alfa. Vorne saß mit Fliegerbrille und Lederhaube eine dürre Gestalt, auf dem Rücksitz eine gackernde Schar von weißen und braunen Hühnern, die immer wieder aufflatterten und auf den Sitz zurückfielen.

Ježíšmarjá, rief eine der Marktfrauen, *ten krumlovský kapitán*!

Unmittelbar vor den Marktständen kam das Auto zum Stehen. Der Fahrer sprang heraus, nahm die Lederhaube ab, verbeugte sich übertrieben und rief halb tschechisch, halb deutsch:

Dobrý den, dámy a pánové, Gott zum Gruße, ihr Damen und Herren, da bin ich wieder!

Verbeugte sich noch einmal und lachte mit lauter scheppernder Stimme. Sein Schädel war zur Hälfte kahl, von der anderen hingen die Haare weit über das Ohr herab. Er trug eine alte Uniformjacke aus dem Ersten Weltkrieg, auf der Brust unzählige Orden, darunter eine kurze Lederhose, die bis zu den Knien reichte.

Jetzt aber *pozor, pozor*, habt acht!

Er holte ein Huhn aus dem Wagen, setzte es auf das Pflaster und fuhr ihm mit dem Daumen vom Schnabel aus zwischen den Augen über den Kopf, dass es erstarrte und bewegungslos stehen blieb.

No, bitte, *co říkáte*?

Er schaute die Leute an, die neugierig näher kamen, drückte den Zeigefinger an die Lippen, holte ein zweites Huhn aus dem Wagen, setzte es einen Meter vor dem ersten auf das Pflaster und hypnotisierte es ebenfalls.

Macht Platz, rief er, *místo, místo*!

In kurzer Zeit standen zehn hypnotisierte Hühner im Kreis.

Moji vojáci, rief der Mann, meine Soldaten, marschierte an den Hühnern vorbei, drehte sich um und salutierte. Aus dem Kreis der Zuschauer klang Gelächter auf, am lautesten lachten die Turner. Der Mann schaute sie grimmig an:

Ihr habt ja keine Ahnung, *nemáte tušení*, keine Ahnung vom Krieg! *Nevíte nic! Já jsem kapitán, krumlovský kapitán!* Ich hab gekämpft, geschossen, überlebt, *bojoval, střílel a přežil jsem*, meinen halben Kopf haben sie mir weggeschossen, *polovinu hlavy*, da schaut her, er neigte sich vor und klopfte mit dem Knöchel auf die kahle Schädelseite, *podívejte se sem*, eine eiserne Platte haben sie mir eingesetzt, *železnou desku*, eine Silberplatte, eine Antenne, und jetzt höre ich die Stimme Gottes. *A Pán Bůh říká*, ein Gewitter wird kommen, wie ihr es noch nie erlebt habt, und auf dem Platz hier werden Soldaten marschieren, *raz, dva, raz, dva, raz, dva* ...

Die Marktbesucher starrten den Mann kopfschüttelnd an. War er verrückt oder gefährlich, sollte man die Polizei oder besser einen Krankenwagen holen? Die Turner grinsten, Tomaschek war fasziniert. Eine Marktfrau rief:

Red keinen Unsinn, Schwejda, wir kennen dich doch, du bist der alte Chauffeur vom Schwarzenberg. Fahr zurück, Hauptmann, der Krieg ist längst vorbei!

Die Leute lachten laut, Schwejda bekam einen roten Kopf.

Nichts ist vorbei, nichts, rief er so heftig, dass er bei jedem Wort spuckte, *válka přijde,* der Krieg kommt, er kommt!

Doch die Leute lachten und Kinder, die sich hinter ihnen versteckt hatten, riefen laut:

Krumlovský kapitán
Nemá plán, nemá plán
Nemá žádný vojáky
Jenom starý kykyryký

Sie liefen um den alten Hauptmann herum, der sie vergeblich abzuhalten versuchte, und klatschten so laut in die Hände, dass die Hühner aus ihrer Hypnose aufwachten und flügelschlagend davonliefen. Fluchend und schimpfend rannte der Alte hinter ihnen her, trieb sie zu seinem Wagen zurück und verstaute sie unter dem schadenfrohen Gelächter der Menschen auf der Rückbank.

Idioten, Dummköpfe, Gipsköpfe, rief er mit sich überschlagender Stimme, ihr werdet noch an mich denken, *slyším hlas,* ich höre die Stimme Gottes, ihr aber seid taub, blind, dumm, verloren! *Ztracený, ztracený, ztracený!,* hallte es über den Platz.

Er startete den Motor und fuhr unter dem Gelächter der Leute knatternd davon.

Am lautesten lachten die Jungen.

So ein Wirrkopf, sagte Ossi, seit seiner Verwundung ist er nicht mehr dicht im Kopf. Immer wenn die Temperatur steigt, wenn sich die Eisenplatte an seinem Schädel erwärmt, beginnt er zu spinnen. Das war mal einer der besten Fahrer des Fürsten. Er soll ihm im Krieg das Leben gerettet haben. Jetzt bekommt er das Gnadenbrot, büchst immer wieder aus und fährt mit seinen Hühnern zu den Märkten, wo er den Leuten einen Schrecken einjagt.

*

Das ferne Läuten eines Bahnübergangs und das Tuten eines Zugs weckten Tomaschek aus seinen Gedanken. Ein rot-gelber, in die Jahre gekommener Triebwagen näherte sich langsam und behäbig der Brücke, immer wieder das Signalhorn betätigend, ein alter Dampfer, der durch das Wiesenmeer schaukelte, die Fenster schimmernd im Abendlicht, so rollte der Zug auf die Brücke, schemenhafte Gesichter hinter den blass erleuchteten Scheiben, so rauschte er vorbei und verschwand hinter Büschen und Bäumen, immer kleiner in der Landschaft, nachklingend das Schwellenrattern der Räder auf den Schienen.

Tomaschek schaute dem Zug nach, der keine Erinnerung weckte, die Strecke ganz anders als zu seiner Jugend, verlegt neben den Stausee, die Dampflokomotive ersetzt durch einen Dieseltriebwagen. Er packte die Reste seiner Brotzeit ein, stieg auf die Trasse und lauschte in beide Richtungen. Doch nichts regte sich, nichts war zu hören, er konnte es wagen, über die Brücke zu gehen und tappte von Schwelle zu Schwelle. Wie ein Storch stakste er zum anderen Ufer, beobachtet von den Anglern, die ihm genauso reglos nachblickten, wie sie auf die Fische warteten.

Am anderen Ufer war keine Straße, kein Weg, Tomaschek folgte den Schienen, teils auf den Schwellen, teils auf dem Schotter am Rand. In der Luft die ersten Fäden der Dämmerung, das ziehende Gefühl der Ungewissheit, wo er ein Nachtquartier finden würde. Wo die Schienen vom See abbogen, weitete sich das Ufer zu einem Campingplatz. Drei Jungen saßen um ein Feuer und sangen zur Gitarre. Als Tomaschek vor ihnen stehen blieb, boten sie ihm eine Flasche Bier an.

Wir sind aus Thüringen, sagte einer, als ob es selbstverständlich sei, dass Tomaschek deutsch verstand. Oder sollte er mit seinem neuen Dachstein-Rucksack und dem blauen Bogner-Anorak, den er sich in München gekauft hatte, so deutsch und westlich ausschauen, dass an seiner Zuordnung nicht der geringste Zweifel bestand? Tomaschek lehnte dankend ab und setzte seinen Weg zwischen den Zelten fort, die ihm seltsam dickwandig und abgenutzt vorkamen, die Pullover und Trainingshosen der Menschen seltsam altbacken und abgetragen, ihre Gesichter seltsam alt und ungepflegt. Plötzlich empfand er ein tiefes Unbehagen, nicht diese Menschen waren altbacken und zurückgeblieben, er war es, der fremd und deplatziert war, als ob er mit Anzug und Krawatte zu einer Almhütte gewandert wäre und vom Wirt keinen Kaiserschmarrn, sondern Austern und einen Hummer verlangte.

Das Gefühl, nicht dazuzugehören, wie oft hatte er es in seiner Kindheit, in seiner Jugend gehabt, wenn ihm die Kinder seiner Schulklasse distanziert und überlegen vorgekommen waren, die Wandervogel- und Turnerfreunde so routiniert und fahrtenerfahren, wie er das niemals werden würde, die Fußballspieler der DFC-Jugend so geschickt und laufstark, dass er niemals ihr Niveau erreichen würde. Wie oft war er in dieses Loch der Unzulänglichkeit gefallen, obwohl er zu den besten Spielern, den eifrigsten Wandervögeln und beliebtesten Schülern zählte. Trotzdem. Einmal aber hatte er ein unglaubliches Gefühl der Zusammengehörigkeit erlebt, ein so starkes Empfinden, wie nie mehr davor und danach. Seitdem weiß er, wie es ist, wenn man sich mit Haut und Haar einer Überzeugung, einem Bekenntnis, einem Glauben verschreibt, wenn es keinen Unterschied mehr gibt zwischen dem eigenen Denken und dem hundertfachen Empfinden einer Gemeinschaft, das durch alle Poren der Haut dringt.

*

Stärker als viele andere Ereignisse haftete Tomaschek dieser Wintertag im Gedächtnis, ein kalter unfreundlicher Freitag Nachmittag, Anfang Februar 1939, als sie ihren alten Jungenführer beerdigten, der überraschend verstorben war. An diesem Tag hatte Tomaschek das Gefühl, aus dem Rangierbahnhof der vergangenen Wochen und Monate, dem Gewirr von Empfindungen und Überlegungen hinauszufahren auf eine klar sich abzeichnende Strecke, auf der sein Leben endlich Fahrt aufnahm in eine Richtung, die keinen Zweifel und kein Schwanken mehr kannte.

Die Hakenkreuzfahne, in die der Sarg gehüllt war, das gespenstisch stumme Spalier der Menschen auf dem Weg zum Grab, alle Arme zum deutschen Gruß gestreckt, ein Arm neben dem anderen, als ob die Wehrmacht in Budweis schon einmarschiert wäre, diese unheimliche Mischung aus Trauer, Bekenntnis und Trotz. Die Ehre, zu denen zu zählen, die mit ihren grauen Hemden neben dem offenen Grab stehen durften. Was hatte ihm das damals bedeutet, alle Einwände und Widerstände der letzten Monate wie weggewischt, alle Zwischentöne verstummt, er gehörte dazu, gleichgestimmt und gleichgekleidet, alles andere wäre Niedertracht, Feigheit, Verrat gewesen.

Ich hatt einen Kameraden, einen bessern findst du nit, wie ihn das Lied so stark erschütterte, dass er kaum ein Wort, kaum einen Ton herausbrachte, wie sie bis zur Dämmerung mit der Fahne neben dem Grab Wache hielten, um dem Toten die letzte Ehre zu erweisen, frierend und zitternd, durchdrungen von dem Bewusstsein, einer Schicksalsgemeinschaft anzugehören, für die sie bis zum letzten Atemzug einstehen würden.

Am Abend dann in der Turnhalle des Deutschen Hauses die Totenfeier, Direktor Schmidt am Harmonium. *Heute schreiten hunderttausend Fahnen durch das weite Land. Feste sind die Sturmsoldatenfäuste um den Schaft gespannt ...,* voll Inbrunst sangen sie das Lied, das die Partei des Führers zum Kernbestand ihrer Lieder zählte. In dieser Stunde war es nicht denkbar, zwischen der Würdigung des Toten und dem Bekenntnis zum Nationalsozialismus einen Unterschied zu machen, geradezu ein Frevel, diesen Gedanken überhaupt zur erwägen. Nie zuvor hatte Tomaschek Ossi so ernst und gesammelt erlebt wie in diesen Minuten, als er am Ende der Feier als neuer Führer angelobt wurde, eine Hand an der Fahne, die den Sarg umhüllt hatte, die andere zum Schwur erhoben, im Hintergrund die leisen Klänge des Horst-Wessel-Lieds.

Ab diesem Tag gab es kein Zögern und kein Zurück mehr. Wie alle anderen wollte Tomaschek sich in den Dienst des Führers stellen und für das deutsche Volk kämpfen, bis alle Unterdrückung beseitigt wäre und sie zum Deutschen Reich gehörten, wie die deutschen Brüder aus dem Sudetengau, aus Linz, Graz und Wien. Lenka, das war eine Verirrung, Hadrava nicht weniger ...

Und dann kamen diese unglaublichen Tage, die ganze Stadt voller Hakenkreuzfahnen, schon am 12. März, die Heldengedenkfeier, drei Tage vor der Ankunft der deutschen Soldaten, keine Hemmungen mehr, keine Entschuldigungen, lautete die Parole. „Wer sich heute nicht zu seinem Volke bekennt, der ist dereinst nicht wert, der Gemeinschaft anzugehören." Und so war es tatsächlich, kaum eine Straße ohne Fahnenschmuck, fast vor jedem Haus flatterte am Heldengedenktag die „Fahne der Bewegung“, die Hakenkreuzfahne.

Drei Tage später, am 15. März spielte das Wetter nicht mit, was für ein Gegensatz zum Mai vor zwei Jahren, als der Präsident den aufflatternden Tauben nachgeblickt und vom Zusammenleben der Völker gesprochen hatte, Präsident Beneš, der längst nicht mehr Präsident, nicht mehr im Land war, der im Ausland lebte. Kälte und Schnee an diesem 15. März, ein heftiges Schneetreiben und trotzdem eine unglaubliche Spannung, eine fiebernde Erwartung, die die Budweiser auf die Gassen und auf den Ringplatz trieb. Die Budweiser? Deutsche waren es diesmal nur, keine Tschechen und schon gar keine Juden, aber die Turner waren vollzählig angetreten, triumphierend standen sie nebeneinander, neben den Menschen unter den Lauben mit ihren Wintermänteln, Mützen und Hüten, neben den winkenden Schulkindern mit ihren Fähnchen, auf dem Platz die einmarschierenden Soldaten, hoch zu Pferd der Oberst, salutierend und grüßend, immer wieder.

Was für eine Aufregung, und was für ein Triumph, deutsche Soldaten und Uniformen, wohin man schaute, zum deutschen Gruß erhobene Arme, lachende Gesichter. Heilrufe, die nicht aufhören wollten. Immer wieder Heil, ein Volk, ein Reich, ein Führer! Nur Jan fehlte, die Sokolleute, die Legionäre, die tschechischen Fußballer.

Sollen sie wegbleiben, wenn sie den Deutschen die Freude nicht gönnen, wir haben auch ihre Freude über den Besuch von Beneš respektiert, dachte Tomaschek, und dass jetzt ein paar Leute das Nachsehen haben, die sich gegen uns gestellt, die gegen Hitler gehetzt, ihr Ohr den Sozialdemokraten, den Emigranten und Juden geliehen haben, das müssen sie nun in Kauf nehmen, damit mussten sie rechnen. Dachte er so? War nicht sein Onkel, der Bruder seiner Mutter, nein, an ihn konnte er jetzt nicht, durfte er jetzt nicht denken ...

Begeistert hatten sich die Turnerfreunde die HJ-Uniformen geholt und waren zum ersten Mal angetreten, Ossi ihr alter, ihr neuer Führer, Bannführer der Hitlerjugend jetzt, niemand, der ihm diesen Rang streitig machte. Niemand? Plötzlich waren neue Jungen und Mädchen da, die Stallbaum-Brüder aus Mannheim, die mit ihren Eltern nach Budweis gekommen waren, Friedrich und Wilhelm Stallbaum, die genauso arrogant auftraten wie die Hitlerjungen in Berlin.

Schon beim ersten Treffen gerieten sie aneinander, schaute Friedrich die Budweiser Jungen geringschätzig an und meinte:

So einfach kommt ihr nicht in den Genuss der Früchte, die wir gesät und geerntet haben. Ihr könnt froh sein, wenn wir euch aufnehmen.

Da war er bei Ossi an der richtigen Adresse:

Und wer hat das Deutschtum im Ausland gegen eine feindliche Übermacht verteidigt, während ihr im Reich Champagner getrunken habt?

Ganz schön frech für einen halben Tschechen. Du bist wohl der Anführer hier? Ab heute bin ich der Bannführer, verstanden?

Ossi streckte sich und schaute Friedrich feindselig an:

Das musst Du dir schon erkämpfen, wenn du dich traust.

Ach so, kein Problem, rief Friedrich und schlug mit der Faust zu, ohne den Beginn des Kampfes abzuwarten. Aber er hatte Ossi unterschätzt, der mit einem schnellen Schritt zur Seite trat und ihm ein Bein stellte. Ehe sich Friedrich aufraffen konnte, hatte ihn Ossi in den Schwitzkasten genommen und drückte so lange zu, bis Friedrich aufgab. Schwer atmend stand er mit hochrotem Kopf da und starrte Ossi grimmig an. Die Freunde lachten und feixten.

Du weißt wohl nicht, dass mein Vater bei der Gestapo ist, keuchte Friedrich.

Du kannst im Budweiser Bann mitmachen, sagte Ossi, aber Bannführer bin ich, und wenn Du das nicht glaubst, kannst du Deinen Vater zu Kreisleiter Westen schicken. Heil Hitler.

*

Am Hauptplatz von Oberplan musste Tomaschek nicht lange suchen. Unverändert reihten sich die Häuser neben dem langgezogenen Park hinter dem Rathaus zur Kirche hinauf. Links und rechts eine schmale Straße, abgeblätterte Hausfassaden, eine einzige Wirtschaft durch deren Fenster ein fahles Licht drang und der Gesang von Männerstimmen zu hören war, der alte Grünweber, der jetzt Smrčina hieß, wie ein Schild verkündete. Am Ende des Platzes eine schmale Stiege, die an einem Gehege vorbeiführte, in dem sich zu Tomascheks Überraschung ein weißer Pfau befand, der stumm in einer Ecke hockte und keine Notiz von ihm nahm. Weiter über die Straße hinauf in den alten Hügelpark, der nicht mehr zu erkennen war, überall Büsche und Bäume, überwuchert die Wege, die Steintreppe zum Stifterdenkmal, aus den Fugen geraten und halb versteckt im Gestrüpp die einzelnen Stufen.

Die Stifterfigur auf dem Sockel wie eine Erscheinung, der Hut in der herabhängenden Hand, als ob er ihn jederzeit aufsetzen und fortgehen könnte, der Dichter, wenn er nur wollte, würde nicht einmal der Stock umfallen, den er mit dem Unterarm an sein Bein drückte, und das Buch in der anderen Hand, der Arm so sorglos aufgestützt, dass er es einfach vergessen und fallen lassen könnte. Tomaschek lachte bei diesem Gedanken. Schnaufend stapfte er am Denkmal vorbei und folgte der schmalen Baumallee, die sich auf einem Damm nahezu eben dahinzog, auf der linken Seite ein Fußballfeld mit krummverwitterten Zuschauerbänken, auf der rechten hinter dem Blattwerk der Bäume die weiß schimmernde Wand eines Sommerkinos, das noch nicht begonnen hatte.

Tomaschek stieg die Stufen zur Gutwasserkapelle hinauf, durch ein schmiedeeisernes Tor, dessen Flügel schief in den Angeln hingen. Die Steinmauer, die den Kirchhof umschloss, war notdürftig mit Ziegeln gedeckt, die Kapellentüre verschlossen. Was könnte er hier finden, *im Angesicht der Wälder*, ein paar Gräber an der Mauer, *Lorenz Prix, Bürger in Oberplan, gestorben 1866, gewidmet von seiner Gattin und Kindern. Ruhe seiner Asche!* Hier war es dunkel, düster, ein diffuses Licht. Tomaschek ging einmal, zweimal um die Kapelle herum, die schmerzhafte Muttergottes im Innern, die barocke Altarfigur vor dem Strahlenkranz, da könnte es sein, *dunkel selbst bei Tageslicht*, in der Kapelle, die verschlossen war.

Was sollte er tun, die Türe aufbrechen? Das ginge zu weit, das konnte er nicht, wo sollte er auch suchen, neben dem Altar, auf der Kanzel, unter den Bänken? Jetzt, da er vor seinem Ziel, vor einem möglichen Ziel stand, machte sich plötzlich ein Gefühl der Mutlosigkeit in ihm breit, die Zuversicht, die ihn den ganzen Weg erfüllt hatte, kam ihm auf einmal brüchig und fragwürdig vor. Tomaschek setzte sich auf die Stufen unter dem Tor und schaute auf die Allee und das Fußballfeld hinunter. War nicht alles eine Illusion, eine Vergangenheitswelt, die er Jahr für Jahr gepflegt und verschönert hatte, als ob sie weiterbestehen würde, jederzeit betretbar, wenn man nur den passenden Schlüssel zur verschlossenen Türe der Gutwasserkapelle fand? Aber wenn man ihn nicht fand, wenn die Türe gar nicht die richtige war …

Langsam ging Tomaschek den Weg zurück durch die Allee zwischen dem Fußballfeld und dem

Sommerkino, über dessen Leinwand jetzt ein Film flimmerte, ein Wildwestfilm. Jugendliche standen außerhalb der Absperrung unter den Bäumen und streckten ihre Köpfe. Was sie nicht sehen konnten, ersetzte ihre Fantasie, getragen von der Musik, dem Hufschlag der galoppierenden Pferde und den rauen Stimmen von John Wayne und Richard Widmark, die wie selbstverständlich tschechisch sprachen. Natürlich, sagte sich Tomaschek, synchronisiert, und trotzdem berührte ihn der Umstand eigenartig, nie hatte er darüber nachgedacht, über die Westernhelden, die in Wirklichkeit genauso wenig tschechisch wie deutsch sprachen, immer hatte er die Illusion für bare Münze genommen. Doch die Figuren waren Schauspieler, ihre Pferde ausgeliehen, die Revolver Schreckschusspistolen, ihre Gespräche hatten sie auswendig gelernt. Und die Westernstadt, in die sie hineinritten, der Saloon, den sie mit knarzenden Stiefeln betraten, alles künstlich, Fassade, eine Kulissenwelt.

Hatte womöglich auch er, obwohl er die nostalgischen Erinnerungen seiner Landsleute ablehnte, hatte auch er in seinem Gedächtnis eine Vergangenheit restauriert, die mit der Wirklichkeit so viel zu tun hatte wie die Kulissenstadt des Wildwestfilms mit der realen Welt? Was, wenn der Eiserne Vorhang die alte Lebenswelt nicht nur abgetrennt und unzugänglich gemacht, sondern auch die Erinnerung an sie geschützt und abgeschirmt hatte? Wenn er nostalgisch-melancholische Sehnsüchte am Leben erhalten hatte, während die reale Vergangenheit Jahr für Jahr weiter vermodert und verfault war? Stellte das die unbarmherzige Botschaft der Grenzöffnung dar?

Und die Gräber, die sie so lange nicht besuchen und pflegen konnten? Die Grausamkeiten, die bis zur Gegenwart ungesühnt blieben? Raub, Totschlag, Mord, kein Geständnis, keine Buße, keine Vergebung – der verletzte Rechtsfrieden, alles Moder und Fäulnis?

Die Musterung, damals, im Sommer 1939, unmittelbar nach der Matura. Nach diesem Schuljahr, in dem alles aus den Fugen geraten war, die halbe Klasse im Herbst plötzlich verschwunden, einfach nicht mehr gekommen nach dem Münchner Abkommen, die Schüler aus den Böhmerwaldgebieten, die nun zum Reich gehörten, während Budweis nach wir vor eine Stadt der Tschechoslowakei war, eines verkleinerten Staates mit einem neuen Präsidenten, ein Reststaat zwischen den deutschen Gauen. Was für eine Aufregung in der Schule, bei den Lehrern und Schülern, in der ganzen Stadt, immer demonstrativer die Turner und die Anhänger der Sudetendeutsche Partei, immer unsicherer und unscheinbarer die Sozis und die Tschechen. Am 1. Januar 1939 hatte der Stadtrat Friedrich David sogar ein Telegramm nach Berlin geschickt:

Die Deutschen von Budweis bitten Sie, mein Führer, zum Neuen Jahr die Versicherung der unwandelbaren Treue entgegennehmen zu wollen.

Auf einmal wurde von Freikorps gemunkelt, von Schüssen und Toten an der Grenze, schließlich die auftrumpfende Heldengedenkfeier am 12. März, überall Hakenkreuzfahnen, und dann der Einmarsch der deutschen Truppen drei Tage später, wie sollte da Ruhe einkehren, wie die Matura vorbereitet und bestanden werden?

Aber er hatte sie bestanden, wenige Tage nach dem NSDAP-Parteitag, und dann die Musterung in der Kaserne in der Bahnhofsstraße. Was für eine Aufregung, und was für eine Peinlichkeit, sich nackt aufstellen zu müssen, und untersuchen zu lassen, was für ein Triumph wehrfähig zu sein. Alle seine Turnerfreunde, die jetzt der HJ angehörten, waren stolz auf das Ergebnis. Er jedoch wurde zurückgestellt, nicht für wehrfähig befunden. Was für eine Demütigung. Später natürlich, wahrscheinlich, vielleicht, jetzt aber nicht. Was für eine Schande.

Aber Karlimann, spottete Ossi, hast wohl zu wenig Milch getrunken.

Hab schon immer gesagt, dass er zu schwach ist, stichelte der Apotheker.

Und Czerny, der sich jetzt Schwarzmann nannte, fragte gehässig, ob er sich womöglich von seinem Vater ein Attest geholt habe, die halten doch zusammen, die Ärzte, zumal wenn sie mit ihren jüdischen und tschechischen Kollegen Hausmusik machen.

Hast uns ja auch verschwiegen, dass dein Onkel ein Sozi ist, Karli, aber den haben wir schon geholt. Und du solltest jetzt höllisch aufpassen, zu wem du stehst und wohin du gehörst.

Jetzt mach mal halblang, sagte Ossi, der immer noch seine Hand über Tomaschek hielt. Und pass auf Czerny, dass man dir nicht nachweist, dass du tschechische Vorfahren oder sogar eine jüdische Großmutter hast. Oder warum habt ihr es auf einmal so verdammt eilig gehabt, euren Namen zu ändern?

Tomaschek schnappte nach Luft. Er brachte kein Wort heraus, das war der Tiefpunkt, die Katastrophe schlechthin. Gerade erst hatte er sich zugehörig gefühlt, voll und ganz der Bewegung verschrieben bei der Beerdigung des Jungenführers im Februar, und schon war er wieder draußen, wurde er ausgesperrt, weil er bei der Musterung durchgefallen, weil der Bruder seiner Mutter Sozialdemokrat war, weil sein Vater mit Kollegen Kammermusik gemacht hatte, schon seit Wochen nicht mehr machte, die Juden und Tschechen waren.

Tomaschek war vor dem Hotel Smrčina angelangt und überlegte, ob er hier nach einem Zimmer für die Nacht fragen sollte. Es schien das einzige Haus am Platz zu sein, Hotel und Gasthaus zugleich.

Durch die geschlossene Gastraumtür drang der Lärm von Männerstimmen und klirrenden Gläsern. Alle schienen gleichzeitig zu reden, zu schreien und zu singen, als ob der Raum bis zum letzten Tisch besetzt, ja überbesetzt wäre. Ein akustisches Gewölle, das sich drehte und drückte, durch alle Ritzen und Luken nach außen drang, durch die Tür, vor der Tomaschek stand. Da war es wieder, das Gefühl, einer undurchdringlichen Wand gegenüber zu stehen, so wie damals bei der Wochenendfahrt, als die tschechischen Jungen vor ihm aufgetaucht waren. Vorsichtig öffnete er die Tür, jederzeit bereit, zur Seite zu springen.

Doch der akustische Eindruck täuschte. Der Raum war halb leer. Vor dem Ausschank, an dem der Wirt einen gläsernen Krug mit aufschäumendem Bier füllte, standen zwei Reihen leerer Tische. Vor den Fenstern waren mehrere von ihnen zu einer Tafel zusammengeschoben, an der vielleicht zwanzig Männer saßen und standen, auf den Tischen leergegessene Teller und halbausgetrunkene Biergläser, die ockergelb auf den Tischdecken schimmerten.

Im Lichtkegel der schwachen Deckenlampen drehte sich der Zigarettenrauch in dicken Spiralen, wodurch alle Gäste einen Zug ins Schemenhafte erhielten. Einige sangen *vodu nepijem, mi pijeme rum,* immer wieder dieselben Worte, *Wasser trinken wir nicht, wir trinken Rum*, wobei sie bei jedem *rum* mit der Faust auf den Tisch schlugen. Andere redeten gestikulierend aufeinander ein, wieder andere saßen mit glasigen Augen am Tisch und starrten vor sich hin. Einer war mit dem Oberkörper auf die Tischplatte gesunken, eine Hand am Bierglas, die andere über die Tischkante herabhängend, als ob sie aus dem Ärmel gerutscht wäre.

Niemand bemerkte Tomascheks Kommen, nur der Wirt taxierte ihn kurz, nickte auf die Frage, ob er ein Zimmer habe, und machte ein fragendes Handzeichen nach einem Bier. Tomaschek deutete mit den Händen ein großes an, ließ den Rucksack von seinen Schultern gleiten und setzte sich an einen der freien Tische. Als der Wirt die frisch gezapften Gläser auf einem Tablett durch den Raum trug und Tomaschek ein Glas auf den Tisch stellte, löste sich von der Tafel eine Gestalt, blieb vor Tomascheks Tisch leicht schwankend stehen, ein dickbäuchiger älterer Mann mit Glatze und zerfurchter Stirn, der ihn misstrauisch anstarrte:

Dein Gesicht kenn ich doch, oder bist du etwa nicht von hier?

Irgendetwas kam Tomaschek bekannt vor an diesem Mann, aber dieses alte Gesicht, die Zahnlücken, die beim Sprechen sichtbar wurden, nichts, was sich zu einer klaren Erinnerung fügte.

Nicht, dass ich wüsste, sagte Tomaschek auf Tschechisch.

To pochybuju, wiederholte der Mann, Tomascheks Akzent nachahmend, blieb ein paar Sekunden stehen und wandte sich abrupt ab. Zurückgekehrt an die Tafel hob er seinen Krug und rief laut:

Na zdraví, pane!

Wie auf Knopfdruck drehten sich alle Köpfe zu Tomaschek, die Sänger unterbrachen ihr Lied und prosteten ihm zu. Tomaschek erwiderte den Gruß, indem er den Krug hob und darauf wartete, dass sich die misstrauische Neugierde zu einer offenen Feindseligkeit verdichtete. Doch so schnell die Aufmerksamkeit entstanden war, so schnell zerfiel sie wieder.

Freunde, rief der Glatzköpfige, lasst uns auf unseren verstorbenen Kameraden trinken, auf unseren Pepíček. Klirrend stießen die Gläser zusammen.

Auf unseren Pepíček, *pane*, rief der Glatzköpfige wieder, und Tomaschek antwortete:

Auf euren Pepitschek!

Und wieder beschlich ihn das unangenehme Gefühl des Wiedererkennens, dieses aufgeschwemmte Gesicht, diese schmalen, blutleeren Lippen, die fahrigen Hände, der vorgewölbte Bauch unter dem Hemd, dieser alte Mann erinnerte ihn an irgendjemand, eine schemenhafte Gestalt, von der eine Bedrohung ausging. Wie der Mann den Kopf drehte, wie er aufstand und den Bierkrug hob, das konnte kein Bekannter sein, aber die Stimme, mit der er seine Freunde aufforderte, auf den Toten zu trinken, diese wegkippende Stimme ... Da zuckte eine Erinnerung auf, diese eine Falte, die von der Augenbraue quer über die Wange lief, das war doch ... ein stechender Schmerz, ein Gefühl von Ohnmacht und Erniedrigung.

Je länger Tomaschek den alten Mann betrachtete, umso schärfer zeichnete sich sein Gesicht im rauchtanzenden Licht der Gasthauslampen ab, umso deutlicher spannten sich die Wangen, trat die Narbe rot und herausfordernd zu Tage, die Narbe, die Holub, den schlimmsten Schläger vom Mai 1945 unübersehbar zeichnete. Sein Mund entblößte eine Reihe kräftiger Zähne, und seine Augen taxierten ihn so böswillig, dass Tomaschek erschrocken zurückzuckte. Das war kein alter Mann, den die Trauer sentimental machte, das war Holub, ein junger aggressiver Kerl ...

... der breitbeinig auf der Wiese stand und ihm den Weg versperrte. Er hatte kein Hemd, keine Jacke an, sein nackter Oberkörper mit den kräftigen Schultern und muskulösen Armen hatte die brutale Ausstrahlung eines römischen Ringkämpfers, er trug militärische

Tarnhosen, ein rotes Halstuch, dessen spitze Enden weit auf die Brust herabhingen. Auf seinem kahlen Kopf saß ein verbeulter Trapperhut, quer über die rechte Wange verlief eine dunkelrote Narbe und seine Augen schimmerten so wässerig, als ob er die ganze Nacht getrunken hätte. In der einen Hand hielt er eine Wehrmachtpistole, die andere ballte er zur Faust.

So war er aus dem Unterholz herausgesprungen, in dem er sich versteckt hatte, direkt auf Tomaschek und Lenka zu, die er mit seiner Pistole bedrohte und mit dröhnender Stimme Halt, *stop, stůj* rief.

Hinter ihm lösten sich weitere Gestalten aus dem Unterholz, die ähnlich verwegen gekleidet waren. Einer hatte eine Landsermütze auf und eine deutsche Uniformjacke an, einer einen Patronengürtel quer über die Brust geschlungen, in der Hand eine Maschinenpistole, einer, aber das war ja, Tomaschek traute seinen Augen nicht, das war Hadrava, der da mit langen Haaren, unrasierten Wangen und glasigen Augen auf ihn zustapfte. Als Letzter trat ein Mann auf die Wiese, der die Gegend prüfte, die beiden Flüchtlinge taxierte und einige Schritte hinter den Partisanen stehen blieb. Er trug ein grünes Förstergewand, auf dem Revers ein Abzeichen mit Hammer und Sichel ...

Da staunst du, was, *pane*, krächzte Holub, hob schwankend seinen Krug und stieß mit Tomaschek an. Auf unseren Toten, Fremder, drehte sich schwankend um und wäre gestürzt, wenn ihn nicht zwei Männer aufgefangen hätten.

So erschrocken war Tomaschek über das plötzliche Wiedererkennen, dass er den anderen Mann nicht bemerkte, der an seinen Tisch getreten war, einen Stuhl zurückzog, sich langsam setzte, einen Ellenbogen auf die Platte stützte und den Unterarm aufstellte:

Willst Du immer noch wissen, wer von uns der Stärkere ist, Tomaschek?

Das konnte nicht wahr sein. Tomaschek starrte den Mann an, als ob ein Toter lebendig geworden wäre, das Gesicht, die Falten, die weißen Haare und das weiße Hemd, ein älterer hagerer Mann, der leicht vorgebeugt an seinem Tisch saß, ein Fremder, mit der Stimme seines Jugendfreunds.

Hadrava?

Die Augen, ja, das waren die blauen Augen des tschechischen Jungen, der sein Gegner beim Armdrücken am Plöckensteinsee war, mit dem er nach Berlin geradelt war, zur Olympiade, der im Mai 1945 ...

Hast du immer noch nicht genug, Hadrava?

Tomaschek schob sein Bierglas zur Seite, stützte seinen Ellbogen auf und fasste Hadravas Hand. Im Nu bildeten die Trauerfreunde einen Halbkreis hinter Hadrava und feuerten ihn an:

Das schaffst du, Honzo!

Zeig's dem Deutschen!

Du bist der Stärkere!

Einige hielten ihre Biergläser in der Hand, die meisten standen Schulter an Schulter über den Tisch gebeugt. Tomaschek und Hadrava schauten sich mit zusammengekniffenen Augen an. Keiner begann zu drücken, jeder lauerte, misstrauisch bereit, eine plötzliche Attacke abzuwehren.

Du glaubst wohl, dass wir hier in der Tschechoslowakei keine Kraft mehr haben!

Und du glaubst wohl, dass wir im Westen alle verweichlicht sind!

Die Zwangsarbeit unter den Nazis hat uns hart gemacht, das solltest du wissen!

Und uns die Zwangsarbeit unter den Tschechen!

Jetzt drückten sie mit aller Kraft. Die Trauergäste grölten, einige schrien:

Zeig's ihm Honzo, mach ihn fertig, drück ihn runter!

Tomaschek lächelte gequält:

Da hilft dir auch dein Fanclub nichts!

Und dir nichts dein Krafttraining!

Sie drückten so stark sie konnten.

Ich brauch keine Unterstützung!

Und ich erst recht nicht!

Ihre Gesichter wurden immer röter, sie ächzten und stöhnten, aber keiner errang einen Vorteil. Schließlich verloren die Trauergäste ihre Begeisterung.

Ihr spielt wohl Theater?

Die nehmen uns auf den Arm!

Dazu braucht ihr kein Publikum!

Die Trauerfreunde zogen sich an ihre Tafel zurück. Nur Holub blieb, auf einem Stuhl sitzend, die Arme auf die Lehne gestützt. Die beiden starrten sich mit roten Köpfen an.

Du hast sie umgebracht, schrie Tomaschek.

Gerettet hab ich dich, rief Hadrava, aber du hast sie auf dem Gewissen!

Ich? Wen?

Elsa!

Ich hab sie nicht einmal angerührt.

Ganz richtig, keinen Finger hast du gerührt!

Und ob ich das habe, dein Geld habe ich Ossi gegeben.

Du lügst!

Das hätte mich beinahe den Kragen gekostet.

Eingesteckt hast du das Geld!

Nur weil ich gerade von der Front …

Erzähl doch keine Märchen!

… hat er ein Auge zugedrückt.

Nicht einmal jetzt hast du den Mut, ehrlich zu sein.

Warst du an der Front?

Nein, wir waren nicht würdig, für Euer 1000-jähriges Reich zu kämpfen, dafür durften wir Zwangsarbeit leisten.

Aber du weißt, dass schon eine freundliche Unterhaltung mit einem Juden Zuchthaus bedeutete.

Feige bist du gewesen, Tomaschek, ein Feigling. Wie erstarrt saßen sie da, erstarrt in ihrer Wut und

Empörung. Und in Tomascheks Gedächtnis dröhnten die kreischenden Bremsen des Zuges und der zischende Dampf der Lokomotive, die an jenem Aprilmorgen des Jahres 1942 im Budweiser Bahnhof zum Stehen kam.

*

Müde und übernächtigt stieg er mit seinem Rucksack aus dem Zug, sofort angehalten von Feldjägern, die seine Papiere verlangten, salutierten und ihm einen guten Heimaturlaub wünschten. Vor dem Gebäude wehten Hakenkreuzfahnen, auf das Pflaster war ein großes weißes V gemalt, das Viktoria-Zeichen der Kriegserfolge, dessen Farbe bereits blass zu werden begann. Überall Uniformen, Eisenbahner, Polizisten, Soldaten, Rotkreuzschwestern und Hitlerjungen.

Auch er trug eine Uniform, grau und schmutzig, das Feldscherzeichen kaum zu erkennen, seine Mütze zerbeult und unförmig. Was für eine Sehnsucht nach einem richtigen Bett, nach Ruhe, Schlaf, einmal Durchschlafen ohne Bereitschaft, ohne Alarm, ohne wimmernde Verwundete, ohne Bauchschüsse, zersplitterte Ellenbogen und abgetrennte Gliedmaßen. Tag für Tag hatte er mit den schlimmsten Verwundungen zu tun, mit schreienden, sterbenden, verblutenden Soldaten, abgestumpft und eingekapselt jede Empfindung, jeder Handgriff eingeübt und routiniert, die Zusammenarbeit mit den Ärzten, und doch dieses pochende Entsetzen, die Entscheidung, wer noch zu retten, wer nur noch von Schmerzen zu befreien, falls Morphium vorhanden war. Schlafen, Ruhe, Stille, ohne das Krachen der Granateinschläge, das Rasseln der Panzer, das Dröhnen der Kampflugzeuge, niemand von ihnen, dem diese Geräusche nicht in den Ohren hallten, wie lange der Urlaub auch sein mochte. Diese Sehnsucht nach den einfachen Dingen, nach einem Bett, nach warmem Wasser, nach frischen Kleidern, nach dem Gebet am Mittagstisch, auf das seine Mutter so viel Wert legte, auf das fürsorgliche Lächeln, mit dem sie das Essen austeilte, nach dem Guglhupf, den sie immer gebacken hatte, wenn er von einem Sommerlager zurückkehrte, den sie auch jetzt gebacken haben würde, zwei Wochen Urlaub, zwei kostbare Wochen.

Das war seine Stadt, sein Zuhause, die vertrauten Straßen, der vertraute Weg vom Bahnhof zur Mühlfeldgasse in der Linzer Vorstadt. Aber wie grau und leblos die Radetzkystraße war, die Rosenauergasse, die Kaserngasse, bis er sie plötzlich sah, eine endlose Schlange von Menschen mit Mänteln, Hüten, Koffern und Taschen, Alte, Eltern und Kinder, die keinen Laut von sich gaben, nicht einmal die Kinder riefen, eine unheimliche Stille, durchbrochen allein von der schrillen Farbe gelber Stoffsterne, die auf allen Mänteln prangten. Selbst die Stimmen der Polizisten, der SA waren nicht laut, dafür umso knapper und schärfer zu hören. Tomaschek blieb ungläubig stehen und schaute zu der Schlange hinüber. War da nicht Ossi unter den SA-Leuten? Natürlich, er war jetzt ein hohes Tier.

Schon bei seinem letzten Heimaturlaub hatte Tomaschek die gelben Sterne gesehen, die Verschärfung der Maßnahmen, die den Juden untersagten, ins Kino zu gehen, die Straßenbahn, das städtische Flussbad zu benützen. Er hatte sich keine Gedanken darüber gemacht, keine jüdischen Freunde mehr. Die Schulzeit lag lange zurück, die jüdischen Schüler seiner Klasse waren aus seinem Gedächtnis verschwunden, einige schon im Herbst 1938, andere hatten noch die Matura gemacht, Elsa Adler, Peter Flusser, Fritz Schwarz. Danach aber, keine Ahnung, was sie danach gemacht hatten. Schon vorher waren sie unerwünscht, wollte niemand mehr mit ihnen zu tun haben, keiner seiner Turnerkameraden hatte einen jüdischen Freund. Die

Juden waren gesichtslos geworden. Und Hadrava, der mit Elsa befreundet war, auch Hadrava hatte sein Gesicht verloren. Tomascheks Kriegserlebnisse in Afrika hatten das frühere Leben in unendlich weite Ferne gerückt.

Jetzt aber drückte die unerwartete Ansammlung der Juden vor der Täublervilla schmerzhaft in seine Gedanken. Was war da los, wo kamen sie alle her, wo waren sie die ganze Zeit gewesen? Sollte jetzt auch Budweis eine judenfreie Stadt werden? Tomaschek machte ein paar Schritte auf die Schlange zu, eine kurze Regung der Neugierde, die von einem wachsenden Unbehagen begleitet wurde, das ihn zurückschreckte und umkehren ließ. Damit wollte er nichts zu tun haben, nicht darüber nachdenken, nicht in diesem Augenblick. Er ging in die Kaserngasse, die in einem spitzen Winkel mit der Bahnhofgasse zusammentraf und in die Gratznerstraße mündete.

Genau hier stand plötzlich Hadrava vor ihm, ausgemergelt, in dünnen Hosen und einer dünnen Jacke, die Haare wirr vom Kopf hängend.

Du musst sie retten, sagte er verzweifelt, herausholen, hörst du?

Wer, wen, ich komme gerade von der Front, siehst du das nicht?

Rette sie, Karli, du bist der Einzige, der das kann, deine Freunde bei der SA, ich zahl dafür, hier, das Geld!

Wen soll ich retten?

Begreifst du nicht, Elsa, sie transportieren sie ab, die Stadt soll judenrein ...

Und was kann ich da machen?

Sprich mit Ossi, er ist doch Sturmbannführer, Karli, der hört auf dich, der hat immer ein Ohr für dich gehabt.

Was für eine unangenehme Erinnerung! Aber so war es, damals, als Tomaschek von der Front nach

Hause kam, hatte sich ihm Hadrava in den Weg gestellt, hatte ihm Geld gegeben, viel Geld, 1000 Reichsmark, das konnte einen SA-Mann schon in Versuchung bringen. Widerwillig hatte er versprochen, einen Versuch zu wagen, war er noch einmal zurückgegangen und hatte Ossi gesucht, der unübersehbar die Abführung der Juden kommandierte, ihn sofort erkannte und übertrieben salutierte:

Ah, zurück von der Front, Soldaten zusammengeflickt? Gut so, Karlimann, hast dir ein paar Tage Heimaturlaub verdient.

Kann ich dich mal sprechen?

Wer sich für unser Vaterland einsetzt, immer.

Es ist wegen Elsa, du kennst sie doch ...

Ossis Gesichtszüge verhärteten sich schlagartig:

Du willst doch nicht etwa für eine Jüdin ...

Nein, natürlich nicht. Aber du könntest doch, eine Ausnahme ...

Sag mal, weißt du, was du da sagst? Du willst doch nicht, dass wir einen Juden laufen lassen.

Nein, natürlich ...

Du weißt wohl nicht, dass die Juden mit ihrem Geld unsere Gegner bezahlen, dass sie an jedem Verletzten schuld sind, den du zusammenflicken musst.

Einfach eine Ausnahme, stammelte Tomaschek.

Unglaublich, ich könnte dich sofort verhaften lassen. Wenn ich nicht wüsste, dass du gerade von der Front ...

Hier, sagte Tomaschek und hielt ihm das Kuvert mit dem Geld hin, vielleicht ...

Du glaubst, dass du mich bestechen kannst?

Ossi riss ihm das Kuvert aus der Hand.

Das wird Konsequenzen haben, Tomaschek, darauf kannst du dich gefasst machen! Drehte sich um und stapfte mit dem Geld davon.

Wenigstens versucht hab ich es, murmelte Tomaschek, alle Glieder taten im weh, die Füße doppelt schwer, wenigstens versucht. Mit jedem Schritt, den er heimwärts ging, löste sich das Bild der Täublerfabrik, verschwammen die Gesichter der Juden, vergaß er Elsa, den unglücklichen Hadrava, den undurchsichtigen Ossi. Er war nur noch müde, erschöpft, ausgelaugt, und plötzlich kehrten die Stimmen aus dem Feldlazarett zurück, die in der Anspannung der letzten Minuten unhörbar geworden waren, das Stöhnen, die Schreie, der schnappende Atem der Sterbenden, bis er zuhause war, bis sie endgültigen verstummten.

*

Er hat es genommen, Honza, er hat mich nicht angezeigt, sagte Tomaschek im Gasthaus zu Hadrava.

Und, Elsa?

Keine Ahnung, ich war doch nur auf Urlaub, ich hab sie nicht gesehen.

Ich auch nicht, Tomaschek, ich hab sie nie wieder gesehen.

Hadrava drückte wieder mit aller Kraft, Tomaschek dagegen, ihre Arme zitterten und ihre Gesichter liefen rot an, aber keiner errang einen Vorteil. Hinter ihnen löste sich die Trauerfeier auf. Die Gäste gingen an ihrem Tisch vorbei zur Türe, einige blieben kurz bei ihnen stehen, äfften ihr Ächzen und Stöhnen nach und zogen kopfschüttelnd davon. Tomaschek und Hadrava blieben allein zurück.

Sie war meine erste Liebe, sagte Hadrava, aber das verstehst du nicht, weil du nie geliebt hast.

Tomaschek gab so plötzlich nach, dass sein Handrücken laut auf die Tischplatte knallte.

Willst du mir erzählen, was Liebe ist, Honza?

Sie schauten sich wortlos an.

Lenka?

Wenn du sie nicht umgebracht hättest, wäre sie meine Frau geworden.

Ich hab sie nicht umgebracht.

Wer ist da zu feig, etwas einzugestehen, Honza?

Ich hab dir das Leben gerettet, Karli.

Indem du sie umgebracht hast.

Indem ich Holub niedergeschossen habe.

Das glaubst du doch selber nicht.

Ich kann es dir nicht beweisen, genauso wenig wie du mir beweisen kannst …

Hör auf damit, Honza, das ist alles so verdammt traurig. Ich hätte nie gedacht … Hast du Kinder?

Eine Tochter, und du?

Zwei Söhne.

Sie schwiegen eine Weile, dann sahen sie sich zum ersten Mal ohne Hass in die Augen. Hadrava winkte dem Wirt, der mit bleichen Wangen und müden Augen am Tresen stand.

Bring uns noch zwei Bier, Mirku.

Weißt du, wie spät es ist, Honzo, macht Schluss, geht schlafen.

Mirku, wir haben uns 45 Jahre lang nicht gesehen, gib mir den Schlüssel, ich sperr zu, wenn ich gehe.

Der Wirt brachte das Bier und legte den Schlüssel auf den Tisch.

Auf deine Verantwortung, Honzo.

Jetzt waren sie ganz allein. Sie stießen mit den Gläsern an und schauten vor sich hin, ohne etwas zu sagen.

Und deine Eltern, dein Vater, fragte Tomaschek schließlich.

Mein Vater, Hadrava stockte, das weißt du nicht … wurde 1942 erschossen, im Juni, weil er das Attentat auf Heydrich gutgeheißen hatte.

Das wusste ich nicht, das tut mir …

Und dein Vater?

Wurde im Mai 45 brutal zusammengeschlagen und zur Zwangsarbeit verpflichtet. Schließlich wurde er mit meiner Mutter ausgesiedelt. Er ist vor 15 Jahren gestorben.

Er war doch Parteimitglied?

Ja, aber er hat als Arzt alle gleich behandelt.

Das hat nach dem Krieg keine Rolle gespielt, sagte Hadrava. Ich erinnere mich gut an ihn ... weißt du noch, wie sie zusammen musiziert haben?

Natürlich, sagte Tomaschek. Und weißt du, was aus den anderen geworden ist?

Ferda hat nicht überlebt. Theresienstadt, Auschwitz, keine Wiederkehr. Novotný hat nach dem Krieg Karriere gemacht.

Im Krankenhaus?

In der kommunistischen Partei.

Und du, was hast du nach dem Krieg gemacht?

Ich habe Elektrotechnik studiert und ich war auch in der KP.

Trotz Stalin und Gottwald?

Trotz Stalin und Gottwald. Bis zum Prager Frühling. Dann habe ich meine Stelle im Technischen Museum in Prag verloren und wurde nach Oberplan verbannt. Seitdem führe ich Besucher aus Österreich durch das Geburtshaus des deutschen Dichters, der hier geboren wurde.

Du meinst Stifter.

Ja, Stifter, den Elsa so sehr gemocht hat. Sie kannte alle Erzählungen von ihm. Es war geradezu eine Voraussetzung unserer Freundschaft, dass ich sie auch las. Sie war so verrückt, dass sie an seinem Todestag unbedingt zum Obelisken über dem Plöckensteinsee hinaufsteigen wollte, damals im Jänner 38. Wir haben die Schule geschwänzt, sind ganz in der Früh mit dem Zug nach Neuofen gefahren und zur Schutzhütte am See hinauf. Kannst du dir das vorstellen, kniehoch der Schnee, der Wirt hat uns dringend abgeraten, aber Elsa musste weiter.

Oben am Obelisken war es bitterkalt, wir waren ganz allein, und dort hat Elsa zum ersten Mal von einer Erzählung gesprochen, in der Stifter eine

Abendgesellschaft schildert, die sich über die Französische Revolution unterhält. Bis auf einen alten Mann meinen alle, dass die Zeit so abscheulich gewesen ist, weil damals so schlechte Menschen gelebt haben. Der alte Mann dagegen ist davon überzeugt, dass jeder Mensch eine *himmlische* und eine *tigerartige* Anlage habe, und dass niemand sagen könne, welche Anlage die Oberhand gewinnt, wenn eine Situation entsteht, die Hass und Grausamkeit begünstigt. Dann erst zeige sich nämlich, ob wir stark genug sind, die tigerartigen Kräfte zu bändigen, oder ob wir zu Folterknechten und Mördern werden. Solange wir nur *auf dem Sofa sitzen*, haben wir keine Möglichkeit, das herauszufinden.

Das, Tomaschek, war auch Elsas Überzeugung. Und wie sehr hat sie sich bewahrheitet. Wie viele deutsche Budweiser haben sich im Krieg mitreißen lassen, waren plötzlich Angehörige der Herrenrasse, Arier, und haben nicht das Geringste dabei empfunden, Tschechen und Juden zu demütigen, zu verfolgen und umzubringen.

Wen beschreibst du da, Hadrava, die deutschen Budweiser der NS-Zeit oder die tschechischen Budweiser nach Kriegsende?

Das kannst du dir aussuchen, Tomaschek. Als wir vom Obelisken zum See hinunterstiegen, kam uns eine Gruppe von euren Turnern entgegen, die uns kaum Platz machten und lautstark ihre Auffassung verkündeten, dass Stifter ein durch und durch deutscher Dichter sei und mit den Tschechen nicht das geringste am Hut hätte.

Und Elsa hat ihnen nicht widersprochen?

Nein, wie kommst du darauf?

Weil sie das ein Jahr später gemacht hat, sagte Tomaschek, als die Sudetengebiete bereits an das Dritte Reich angeschlossen waren und viele Schüler unserer Klasse fehlten. Unser neuer Deutschlehrer war ein großer Verehrer Stifters und wurde immer ganz pathetisch, wenn er von ihm sprach. Den hättest du hören sollen.

Zum 71. Mal, sagte er mit erhobenem Zeigefinger, jährt sich der Todestag unseres großen Dichters Adalbert Stifter. Schon der Prager Universitätsprofessor August Sauer habe bei der Einweihung des Denkmals in Oberplan Stifter als die *Verklärung des deutschen Volkstums in Österreich* bezeichnet, *deutsch in jeder Faser seines Wesens.* Zurecht halten wir ihn für einen der größten nationalen Dichter unseres Volkes. Und, so fügte der Lehrer lächelnd hinzu, sollten wir ihn nicht auch für einen der größten nationalsozialistischen Dichter halten?

Die Schüler nickten und notierten, was er ihnen erzählte. Elsa aber meldete sich und sagte: Sie halte Stifter nicht für einen national eingestellten Schriftsteller, sondern für einen demokratischen Autor, dem es um den Ausgleich zwischen den Völkern ging.

Das ist aber eine ziemlich jüdische Sichtweise, Elsa Adler, meinen Sie nicht auch?

Nein, widersprach Elsa, das hat vor einem Jahr der sudetendeutsche Schriftsteller Josef Mühlberger bei einer Stifterfeier in Prag gesagt.

Das haben Sie wohl in einer Emigrantenzeitung gelesen?

Das habe ich in der Deutschen Zeitung Bohemia gelesen, die wir zuhause abonniert haben. Und der sudetendeutsche Dichter Hans Watzlik hat vor einem Jahr in Oberplan gesagt, dass Stifter *dem deutschen wie dem tschechischen Volke in gleicher unvoreingenommener Wertung gegenüber* steht.

Was unsere Elsa Adler doch nicht alles liest und weiß. Dann müssen wir wohl glauben, was dieser Mühlberger in Prag gesagt hat, meinte der Lehrer mit einem süffisanten Lächeln.

Das ist doch der mit der schwulen Knabengeschichte, rief ein Schüler.

Unterdrücktes Gelächter.

So ist es, sagte der Lehrer, und was Watzlik betrifft, so hat er gerade jetzt in Oberplan die Tschechen als *Eindringliche* bezeichnet, die das *Gastrecht mißachtend, überlaut lärmend die Wälder und Seen aufstörten*.

Das ist nicht wahr, rief Elsa.

Und ob er das gesagt hat, und von Adolf Hitler hat er gesagt, dass wir ihm danken müssen, weil er *die Träume der Dichter* zur *Erfüllung in der Einheit des deutschen Volkes geführt hat.* Na was für ein Glück, dass wir nicht zu diesem Reich gehören. Oder sollte ich sagen noch nicht?

Schallendes Gelächter. Auch Tomaschek lachte, und Elsa setzte sich mit rotem Kopf und Tränen in den Augen.

Alte Freunde

Ja, sagte Hadrava im Gastraum des Hotels Smrčina zu Tomaschek, ihr habt unsere Republik kaputtgemacht, Masaryks Republik, eine der letzten Demokratien in der Mitte Europas. Ihr hattet alle Rechte einer Minderheit, sogar an der Regierung waren eure Parteien beteiligt, aber ihr wolltet keine demokratischen Rechte, ihr wolltet eure nationale Vorherrschaft, ihr wolltet zu den großen deutschen Brüdern, zum Deutschen Reich gehören, und es war euch vollkommen egal, was für ein Regime dort herrschte, wie sehr man alle demokratischen Errungenschaften abgeschafft und eingestampft hatte. Bei uns hattet ihr alle Bürgerrechte, eure Sprache und eure Kultur, ihr hattet eigene Schulen und Vereine, eigene Buchhandlungen und Bibliotheken, eigene Theater, Zeitungen und Zeitschriften, ihr hattet sogar eine eigene Universität.

Ja, sagte Tomaschek, all das hatten wir, aber nicht als demokratische Regelung der Republik, sondern als Überbleibsel der Monarchie. Schon wenn du sagst, was wir bei euch hatten. Sollte das nicht unser gemeinsamer Staat sein? Nein, für euch war es nur euer Staat. Ihr habt uns nicht als gleichberechtigte Nationalität gesehen, ihr habt uns als ungeliebte Minderheit behandelt. Warum sagst du nicht, wie viele deutsche Schulen geschlossen und wie viele tschechische Schulen neu eröffnet wurden? Habt ihr uns nicht gleich zu Beginn der Republik unser schönes Gymnasialgebäude in Budweis weggenommen und uns euren abgenutzten alten Kasten überlassen? Warum sagst du nicht, dass ihr, wo ihr nur konntet, zweisprachige Schilder und deutsche Denkmäler demontiert habt und mit der wunderbaren Zwanzig-Prozent-Regel fast allen Sudetendeutschen die Möglichkeit genommen habt, auf den Ämtern ihre Muttersprache zu verwenden. Was für eine Freude, wenn ein tschechischer Beamter, der bestens deutsch sprach, einen sudetendeutschen Bauern einfach nicht verstehen wollte und genüsslich auflaufen ließ. Sag nicht, dass du von all dem nichts gewusst hast, dass du nicht mitbekommen hast, wie arme sudetendeutsche Familien um den Finger gewickelt wurden, wie man sie gelockt, bedrängt und bedroht hat, ihre Kinder auf tschechische Schulen zu schicken. Und dass ihr euch jahrelang geweigert habt, auch deutsche Künstler und Schriftsteller der Tschechoslowakei mit Staatspreisen auszuzeichnen. Wo waren die höheren Offiziere und die höheren Diplomaten deutscher Nationalität? Arroganz und Misstrauen, Hadrava, das habt ihr uns entgegengebracht. Wie schwer ihr euch doch tut, euren eigenen Nationalismus einzugestehen, und wie schnell ihr den der Sudetendeutschen anprangert.

Ja, Tomaschek, auch wir haben Fehler gemacht, wir haben uns allzu gerne als Herren über die ehemaligen Herren aufgespielt, wir haben uns allzu laut über die Souveränität gefreut und zu wenig um die Minderheiten gekümmert. All das haben wir gemacht, nicht jeder, aber doch recht viele. Chauvinisten, das weißt du nur zu gut, hat es auf beiden Seiten gegeben, und es ist allzu billig, die der einen Seite anzuprangern und die der eigenen Seite zu übersehen.

Das habe ich gerade gesagt, Hadrava.

Nicht ganz so, aber ich sage es jetzt auch. Und vielleicht siehst du, dass ihr trotz aller Nachteile in der Ersten Republik, die du so heftig beklagst, trotz all der Versäumnisse, die oft nur Gedankenlosigkeiten waren, trotz der vielen kleinen Überheblichkeiten und Sticheleien, der Rücksichtslosigkeiten und Machtdemonstrationen, dass ihr in Budweis als Deutsche ganz gut gelebt habt. Und vielleicht siehst du, dass diese Nachteile, auch wenn ihr das damals nicht so empfunden habt, so wirst du es heute wohl kaum leugnen, geringfügig und lächerlich waren verglichen mit dem, was danach kam. Dass sie bei Weitem übertroffen wurden von dem kalten Triumph, mit dem ihr uns nach der Okkupation durch die deutschen Truppen behandelt habt, von der brutalen Gleichschaltung und Auflösung aller Verbände und Vereine, von dem Verbot aller demokratischen Parteien, von einer Atmosphäre der Einschüchterung und Bedrohung, die durch Verhaftungen, Folterungen und Erschießungen aufrechterhalten wurde. Das kann dir nicht entgangen sein, Tomaschek, all das hast du hautnah erlebt. Die brutale Verfolgung und Inhaftierung nicht nur tschechischer Antifaschisten und deutscher Emigranten, sondern auch sudetendeutscher Regimegegner, Sozialdemokraten, Kommunisten und Katholiken, von den Juden ganz zu schweigen. Warum erzählst du nicht von eurer besoffenen Begeisterung, als die Wehrmacht in Budweis einmarschiert ist, von euren Sprechchören und Heil-Rufen, von eurem Eifer, mit dem ihr schon Wochen vorher Hakenkreuzfahnen genäht habt? Wie ihr euch gestreckt und gedehnt habt, um endlich auch zum Reich zu gehören. Mit welcher Begeisterung ihr euch um die Aufnahme in nationalsozialistische Organisationen, in die HJ, die SA und die SS bemüht habt. Wie gerne ihr über den Ringplatz marschiert seid, immer wieder über den Ring, mit Trommeln und Fanfaren, wie ihr alles gut und fabelhaft und überwältigend gefunden habt, und wie es euch dabei jeden Maßstab an Anstand, Moral und Glauben verzogen hat.

Ja, sagte Tomaschek, viele von uns waren ganz verrückt nach Hitler und nach der NSDAP und haben die Verbote und Verfolgungen begrüßt. Aber nicht alle waren das, bei Weitem nicht alle, und glaubst du wirklich, dass Eure Racheakte nach Kriegsende, dass Eure Begeisterung für die Kommunisten, Eure Verbote und Verfolgungen, Eure Aufmärsche und Kundgebungen auf dem Ringplatz anständiger und moralischer gewesen sind, glaubst du das wirklich?

Ich bin noch nicht fertig, sagte Hadrava, auch das gehört dazu, wie mitleidlos ihr eure jüdischen Mitschüler, Lehrer und Nachbarn behandelt habt, wie ihr euch von ihnen weggesetzt, sie nicht mehr gegrüßt, bei ihnen nicht mehr eingekauft habt. So lange habt ihr sie aus dem städtischen Leben verbannt, bis es für euch ganz selbstverständlich war, dass sie nicht mehr mit der Straßenbahn fahren durften, nicht mehr in die Kinos gehen, keine Parkanlagen betreten, nur noch zu bestimmten Zeiten einkaufen durften, dass sie erst keine deutschen, schließlich auch keine tschechischen Schulen mehr besuchen durften. Was für ein Akt der Diskriminierung und Unmenschlichkeit, Tomaschek. Natürlich, du hast niemanden umgebracht, die meisten von euch haben niemanden umgebracht, waren nicht aktiv an den Quälereien und Mordtaten beteiligt. Aber es gibt Zeiten, da macht man sich auch dadurch schuldig, dass man nichts tut, dass man wegschaut, dass man billigend in Kauf nimmt und oft genug nicht nur zustimmt, sondern auch anfeuert und aufhetzt.

Das ist vorgekommen, sagte Tomaschek, das hat es gegeben.

Und erzähl mir nicht, fuhr Hadrava fort, dass es nur die Reichsdeutschen waren, die zu euch gekommen sind. Allzu viele Sudetendeutsche haben das Regime begrüßt und begeistert mitgemacht. Nur ganz wenige haben sich distanziert, die meisten haben, nein, nicht weggeschaut, ihr habt zugeschaut, hingeschaut, ihr habt es gutgeheißen und habt euch die antisemitischen Parolen zu eigen gemacht. Aus euren Freundeskreisen und Schulklassen sind alle Juden verschwunden, und ihr Fehlen ist euch nicht im Geringsten abgegangen. Ihr habt es vielmehr als Bereinigung empfunden, als einen Akt der Säuberung, das, Tomaschek, war die Schuld von allen, die sich die Hände nicht schmutzig gemacht haben.

Ja, Hadrava, so war es wohl, nicht in allen, aber in vielen Fällen, so manche von uns waren überwältigt von der neuen Religion und stolz darauf, das Hácha-Bild an der Wand durch das von Hitler ersetzen zu können. Es war schon eine Genugtuung zu erleben, wie tschechische Beamte und Angestellte, die uns die ganze Zeit so herablassend behandelt hatten, immer kleiner und unsicherer wurden, wie bereit sie plötzlich waren, deutsch zu sprechen, wie diensteifrig und unterwürfig sie plötzlich waren, wie viele Tschechen sich plötzlich auf ihre deutsche Großmutter besonnen haben und Wert auf die deutsche Schreibweise ihres Namens legten, wie viele von euch das Regime plötzlich unterstützt haben, als Liebhaber der deutschen Sprache, als Bewunderer der deutschen Kultur, als Denunzianten, Spitzel und Mitarbeiter der Gestapo, ja, das war schon erbaulich, das zu erleben und zu sehen. Die meisten von uns waren wie besoffen von der neuen Politik, das siehst du ganz richtig, und unglaublich stolz, nun auch dazuzugehören, die Hand zum deutschen Gruß zu heben, die Uniform der HJ oder der SA zu tragen. Und wie begierig wir waren, in den Krieg zu ziehen, für das deutsche Vaterland zu kämpfen. Umso mehr waren wir enttäuscht, wie viele reichsdeutsche Beamte, Soldaten und Gestapoleute nach Budweis kamen, wie viele Österreicher aus Linz auf einmal das Sagen hatten. Nein, das waren nicht nur die Reichsdeutschen und Österreicher, wie du ganz richtig sagst, aber es waren ziemlich viele, und sie ließen uns nur zu gerne spüren, dass sie ältere und verdienstvollere Nationalsozialisten waren als wir, denen die große Revolution in den Schoß gefallen war. Dafür haben wir unseren Blutzoll gezahlt, Hadrava, während ihr Zwangsarbeit geleistet habt, sind unsere Leute im Krieg gestorben. Ich hab sie gesehen, habe erlebt, wie sie zerschossen und verstümmelt zu den Feldlazaretten getragen wurden, wo sie Gott und ihrer Mütter angerufen haben, bevor sie elend umgekommen sind, ohne dass wir ihnen helfen konnten.

Ja, Tomaschek, das glaube ich Dir, dass das furchtbar war, dass du als Sanitäter die schlimmsten Dinge gesehen hast. Aber was willst du damit sagen, dass ihr eigentlich immer benachteiligt wart, unter den Tschechen, unter den reichsdeutschen Nazis und schließlich im Krieg? Du sprichst von der schamlosen Arroganz tschechischer Beamter und vergisst die auftrumpfende Arroganz sudetendeutscher Beamter. Du sprichst von den deutschen Großmüttern und Familiennamen vieler Tschechen und vergisst die verräterische Gier vieler Sudetendeutscher, ihre tschechischen Namen durch deutsche zu ersetzen. Du sprichst von dem Blutzoll der deutschen, der sudetendeutschen Soldaten und vergisst die Massenerschießungen wehrloser Zivilisten, an denen sie beteiligt waren, die Dörfer in der Ukraine, in Griechenland, Italien und Frankreich, die sie dem Erdboden gleichgemacht haben. Du meinst, dass wir lediglich zur Zwangsarbeit verpflichtet waren, und vergisst, wie brutal und erbarmungslos wir dabei behandelt wurden. Du vergisst die Kriegsgefangenen, die im Böhmerwald genauso schuften mussten wie in anderen Regionen. Du vergisst die Todesmärsche, die in den letzten Kriegstagen auf hundert Wegen durch das Protektorat und den Sudetengau geführt haben, ohne dass jemand den Erbarmungswürdigen geholfen hätte. Du vergisst die Durchhalteparolen und Erschießungen der letzten Tage, in denen fanatische sudetendeutsche Bürgermeister, Partei- und SS-Leute lieber ihre eigenen Landsleute umgebracht haben, als endlich einzusehen, dass der Krieg verloren war und ihre wahnhafte Ideologie nichts als Schrecken und Verderben gebracht hatte.

Und schon Jahre zuvor, Tomaschek, weißt du nicht, wie viele Menschen nach dem Attentat auf Heydrich hingerichtet wurden, erinnerst du dich nicht an die Listen, die den ganzen Juni Tag für Tag und Woche für Woche in den Zeitungen veröffentlicht wurden, Budweiser Ärzte und Rechtsanwälte darunter, weil sie das Attentat im privaten Kreis gutgeheißen hatten, weil sie von übereifrigen Nazis und Nachbarn, von feigen Zuträgern und Denunzianten angezeigt wurden, mein Vater, mein Vater …

Hadrava konnte nicht weitersprechen. Er schwieg, dann sagte er mit tonloser Stimme in den Gastraum hinein:

Nach seinem Tod habe ich mich dem Widerstand angeschlossen. Und zu Tomaschek gewandt: Wie konntet ihr das alles mitmachen, Karli, wie konntet ihr das billigen, zulassen, gutheißen?

Ja, Honza, das waren furchtbare Zeiten, und das mit Deinem Vater tut mir sehr, sehr leid, er war ein feiner Mensch, friedlich, ohne Vorurteile, ohne Arroganz …

Unsere Väter haben sich doch gekannt und geschätzt, Karli, sie waren Kollegen …

Ja, Honza, das waren sie, und sie haben zusammen musiziert. Aber sag mir, was hätten wir in Budweis 1942 noch machen können? Weißt du nicht, wie groß die Angst vor der Brutalität der Gestapo war, wie erbarmungslos sie nach dem Attentat auf Heydrich gegen alle vorging, die nur in den Verdacht des Widerstands gerieten? Und das nicht nur gegen Tschechen und Juden, auch gegen Sudetendeutsche! Schon zu Beginn: Mein Onkel saß im KZ, der Bruder meiner Mutter, weil er Sozialdemokrat war. Noch vor dem Einmarsch der Wehrmacht wurde er verhaftet, mitten in der Nacht haben sie ihn abgeholt, und niemand in der Familie traute sich etwas zu sagen, alle hatten wir Angst, auch verhaftet zu werden. Sippenhaft, unzuverlässige Deutsche, du weißt ja gar nicht, wie schnell man abgeschrieben und ausgegrenzt wurde. Und ich bin bei der Musterung nicht als wehrfähig anerkannt worden. Wie haben mich meine Freunde verspottet, wie habe ich mich geschämt, damals. Da half nur eins, die HJ, das Sommerlager 1939, die Betreuung der Jungen, im Deutschen Haus, am Bahnhof, bei der Zugfahrt, im Lager. Und dann kam der Krieg …

In den du gar nicht eingezogen wurdest.

Zu Beginn nicht, Honza, nach zwei Semestern war auch ich an der Reihe.

Ganz richtig, wir haben beide in Prag mit dem Studium begonnen.

Ja, du Technik und ich Medizin. Aber wir haben uns nicht gesehen.

Doch, Karli, einmal bei der Buchhandlung am Kleinen Ring, beim Lerche.

Stimmt, ich stand vorne mit Lerche im Laden, gerade war ein deutscher Offizier hinausgegangen, und plötzlich bist du mit Elsa aus dem Lager gekommen.

Wir hatten uns versteckt.

War das nicht vor der großen Demonstration?

Ja, Tomaschek, vor der Demonstration und vor der Schließung der tschechischen Universität. Und damit waren wir endgültig Menschen zweiter Klasse. Das war ein Anschlag auf den Kopf unseres Volkes, auf unsere geistige Elite. Und Ihr habt mitgemacht oder einfach weggeschaut. Nicht einmal für Elsa hast du eine Hand gerührt.

Du weißt genau, dass ich das getan habe, Hadrava.

Nichts weiß ich, gar nichts. Wir waren befreundet, Karli, wir sind zusammen ins Kino gegangen, in den Zirkus, und einmal mit Elsa und Lenka sogar auf den Schöninger gestiegen. Hast du das alles vergessen?

Nichts hab ich vergessen, Honza, den Zirkus Sarrasani nicht, in dem die Hunde besser Fußball gespielt haben als wir, und auch die Kinos nicht, den *Flug einer Nacht*, den *Tiger von Eschnapur*, den *King Kong* Film, über den wir so viel gelacht haben.

Und erinnerst du dich auch, wie zwei junge Burschen Elsa einmal „Judenfotze" nachgerufen haben und wie du ihnen links und rechts eine runtergehauen hast?

Ja, Honza, auch daran erinnere ich mich.

Das waren deutsche Jungen von Deiner Schule.

Ich weiß, sie haben sich am nächsten Tag bei ihrem Klassleiter beschwert, ohne Erfolg.

Ja, Karli, so gut waren wir einmal befreundet. Und Elsa konnte so viel lachen, die ernste, verschlossene Elsa, wenn sie im Kreis ihrer Freundinnen war. Wenn sie die Leute nach Figuren aus Stifters Erzählungen klassifizierte. Das war urkomisch: Nangking, Uhldom, Gregor, Riesach, Sture Mure. Weißt du, wie sie Euren Professor Köhler nannte.

Keine Ahnung.

Einen Nangkingkönig, das weißt du nicht?

Nein, Honza.

Weil er jeden Tag eine andere Krawatte trug und so viel Wert auf sein Aussehen legte.

Nangking, was soll das heißen?

Das weißt du nicht? Das kommt von der Nangkinghose, einer dottergelben Hose, die einmal bei Männern in Mode war. Stifter hat sich in einer Erzählung darüber lustig gemacht. Und für Elsa war seitdem jeder eitle Tropf ein Nangking. Wenn er freundlich und elegant war, ein Nangkingkönig, wenn er primitiv und aufdringlich war, ein Nangkingkong. Das hast du nie gehört?

Nein, Honza, das wusste ich nicht. Ich erinnere mich nur an irgendeinen Spruch mit einem Huhn, der jedes Mal ein lautes Kichern zur Folge hatte.

Denk dir nichts Karli, du warst eben kein enger Freund von ihr. Das mit dem Huhn, das war ein Erkennungszeichen, eine Parole, von der nur ihre besten Freundinnen wussten. Wenn jemand den ersten Satz sagte, dann musste die Eingeweihte den zweiten Satz sagen, und stimmte schließlich auch der dritte Satz, so war klar, dass man zum innersten Kreis der Stifterfreunde zählte.

Das wusste ich nicht.

Weil du nicht dazugehört hast. Oder was hättest du auf den Satz geantwortet: *„Ein Huhn ist nicht möglich, sagte die Wirtin“*.

Keine Ahnung.

Siehst du: Die richtige Antwort war: *„dann muss der Tropf gezüchtigt werden.“* Und was hättest du darauf gesagt?

Woher soll ich das wissen?

„Oh du heiliges Gold des Gewissens“.

Das soll alles von Stifter sein?

Elsa konnte aus jeder Erzählung zitieren.

Das habe ich nicht mitbekommen.

Weil du nur in Deinen Turnerkreisen gelebt hast.

So wie du in deinen Sokolkreisen, die immer nationaler und aggressiver geworden sind.

Die Jungturner waren noch viel schlimmer! Wie ein Gockel bist du herumgelaufen, weil du auf das Turnfest nach Komotau fahren durftest!

Und du wie ein Pfau vor der Abreise zum großen Sokolfest in Prag, im Sommer 38!

Und bei Euch hingen überall schon Hakenkreuzfahnen, als ein paar Turner von Euch im September zum großen Turnfest nach Breslau gefahren sind.

Ja, Hadrava, da haben wir uns hineingesteigert und nichts anderes mehr gesehen, nichts anderes sehen wollen. Das war idiotisch von uns.

Von euch und von uns, Tomaschek, so war das in diesem verdammten Jahr. Erst Österreich, dann die

Sudeten und im nächsten Frühjahr ... Gerade einmal zwei Jahre, nachdem wir in Berlin waren. Zwei Jahre nur, und doch, als ob 20 Jahre vergangen wären, zwischen dem Sommer 36 und dem Sommer 38. Erinnerst du dich überhaupt noch an unsere Radfahrt nach Berlin?

Und ob ich mich erinnere, sagte Tomaschek.

Auch wenn du am Schluss ein bisschen geschwächelt hast, stichelte Hadrava, aber du musstest ja unbedingt dieses komische Pfadfinderzelt mitnehmen, das wir kein einziges Mal aufgebaut haben. Viel zu klobig und zu schwer, die vier Planen. Es war geradezu ein Wunder, dass Du es auf dem Rad überhaupt befestigen konntest, unter deinem Rucksack.

Und dein tschechischer Freund, erwiderte Tomaschek, hat uns einfach sitzen lassen. Weiß du noch, wie er vor Schönefeld plötzlich aufgetaucht ist? Überall wehten die Olympischen Fahnen, die Deutschlandfahnen und die Hakenkreuzfahnen, es knatterte nur so in der Luft, und auf einmal tauchte er auf mit seinem Rennrad und seinem seltsamen Anzug. Du hattest ganz große Augen, als er tschechisch sprach, ein Landsmann, ein Landsmann, einer von euch, der noch dazu sechs Jahre älter war und sich von dieser Höhe zu uns herabbeugte. Ob wir ihm nicht etwas Geld leihen könnten. Mir kam das gleich komisch vor, aber du warst ja ganz hingerissen von ihm und seiner gewählten Ausdrucksweise. Natürlich musste man ihm helfen, einem Landsmann sowieso, da spielte es doch keine Rolle, ob er tschechisch oder deutsch sprach. Spielte es eben schon. Wenn das ein Sudetendeutscher gewesen wäre, dann hättest du allenfalls auf mich gedeutet. Aber damals waren wir ja beide ganz sportlich gestimmt, olympisch, international, da musste man ja zusammenhalten, ohne auch nur etwas zu fragen, hast du nach deinem Geldbeutel gesucht und ihm hundert Reichsmark hingehalten. Ich dachte, ich sehe nicht recht, hundert Reichsmark, das war fast die Hälfte von dem, was du dabei hattest, und wusstest nicht einmal, wie er hieß und wo er herkam. Er dagegen hatte uns gleich ausgefragt. Soso, aus Budweis kommt ihr beide, da habt ihr ja eine ganz schöne Strecke hinter euch. Und hatte sofort herausgefunden, dass du auf das tschechische Gymnasium gingst und ich auf das deutsche. Da hat er einen Witz nach dem anderen erzählt, immer waren die Deutschen die Tölpel, und du hast ständig gelacht, und ich hab so getan, als ob ich das auch lustig fände, und plötzlich hat er mich fixiert und auf Deutsch gesagt, Vorsicht, Vorsicht, Feind hört mit, wir sind ja schon fast in Berlin. Das sollte wieder lustig sein, und doch war es ein augenzwinkerndes Einverständnis zwischen ihm und Dir. Ich erinnere mich noch gut an Deine giftigen Blicke, als ich fragte, ob uns der Ritter von der edlen Gestalt gütigerweise seinen Namen mitteilen würde. Das sollte lustig sein, seinen Tonfall aufnehmen, für dich aber war es eine Zudringlichkeit.

Natürlich, natürlich, wir haben uns ja noch gar nicht bekannt gemacht, Hrabě, heiße ich, meine Herren, Student der Rechte in Prag, aber ihr könnt Bohuš zu mir sagen, einfach Bohuš. So einfach war das, so schwungvoll stieg er auf sein Rad und fuhr mit seinem komischen Anzug und mit Deinem Geld davon. Und als wir einen Tag später bei der Olympiaglocke genau um zwölf Uhr mittags auf ihn warteten, wer kam da nicht, und wer wollte immer noch einmal zehn Minuten warten und noch einmal zehn Minuten, bis uns der Magen vor lauter Hunger knurrte? Dein Freund Bohuš kam nicht, unser König Bohuš, und Deine 100 Reichsmark kamen auch nicht, und den Zugang ins Stadion, den er uns totsicher vermitteln wollte, erhielten wir auch nicht. So war das damals, sagte Tomaschek.

Ja, so war das damals wiederholte Hadrava, nur scheinst du ganz vergessen zu haben, dass wir in

Schönefeld eine Reifenpanne hatten, dass dein Rad, dein vorderer Reifen ein Loch hatte und dein Flickzeug so brauchbar war wie ein löchriger Haderlappen. Du brauchst kein Flickzeug mitzunehmen, hattest du noch in Budweis zu mir gesagt, ich bekomme eines von unserem Turnverband, da haben wir das beste Flickzeug auf der Welt, sudetendeutsche Qualitätsarbeit. Da musste ich einfach nur lachen, bei diesem Ausdruck, aber du fandest das gar nicht lustig und meintest, ich würde meine Meinung schon noch ändern, wenn mein Reifen erst einmal ein Loch habe. Aber es war dein Reifen, der in Schönfeld ein Loch bekam und es war dein Flickzeug, das jämmerlich versagte, dein sudetendeutsches Qualitätsmaterial. Und wer half uns in Schönefeld aus? Unser Freund Bohuš!

So war das damals, wiederholte Hadrava, aber das hast du wahrscheinlich genauso vergessen, wie deinen missglückten Kontaktversuch mit den Berliner HJ-Jungen. Abgelegt in der Dunkelkammer deiner Misserfolge, verrammelt und verschlossen.

Die Berliner HJ-Jungen, auf die er so sicher gezählt, die ihn so arrogant abgekanzelt hatten, als er ihnen seinen Ausweis von den deutschen Turnern in Budweis zeigte. Unangenehm klar und peinlich hatte Tomaschek die Szene vor Augen, wie abweisend sie auftraten, wie laut und selbstherrlich sie sprachen.

*

Was ist denn das für ein komischer Verein? Kennst du die Egon?

Nee, nie gehört. Irgend so ein auslandsdeutscher wahrscheinlich.

Wo seid ihr denn her?

Aus Budweis? Wo liegt das Kaff? In Polen?

In der Tschechei? Dann bist du ja gar kein richtiger Deutscher, ein halber Tscheche, was?

Jetzt, wo wir groß geworden sind, wollen die plötzlich alle zu uns gehören.

Und wie die reden. Das ist doch kein Deutsch.

Sind vielleicht sogar Juden.

Jan konnte sich nicht mehr halten: *Takový kretén*!

Was hast du gesagt?

Das war wohl tschechisch.

Oder russisch. Ein russischer Jude. Das wollen wir doch mal sehen.

Aber nicht jetzt.

Wieso, der Führer will, dass wir wachsam sind!

Mann, wir müssen in den Lustgarten. Vergessen?

Stimmt, wir haben was anderes zu tun. Glück gehabt. Aber lasst euch hier nicht nochmal blicken.

Tomaschek kochte, Hadrava feixte.

Deine deutschen Brüder. Hast wohl gemeint, die finden dich interessant? Für die bist du nichts. Luft. Die haben die Nase bei den Wolken mit ihren gebügelten Uniformen. Die werden doch nicht einem halben Tschechen und einem russischen Juden eine Eintrittskarte schenken. Oder sie gar in ihren Reihen mitmarschieren lassen. Den deutschen Turner aus Budweis, der so gerne Hakenkreuze malt.

Hadrava fluchte auf Tschechisch, die Stimmung war am Boden.

No, wer wird denn gleich in die Luft gehen, hörten sie eine andere tschechische Stimme. *Chlapci, odkud jste?* Aus Budweis? Na prima, da kommt meine Mutter auch her. Und dein Freund da, kommt der auch aus Budweis? Ein Sudetendeitscher? No, ein halber Tscheche, auch gut. Eine Frage nur: Welches Bier ist besser, das Berliner oder das Budweiser?

Das Budweiser, riefen Jan und Karl zugleich.

No, wer sagt's denn, ein Dreiviertelttscheche. Also hört mal, liebe Landsleute, wollt ihr euch was verdienen?

Wir suchen dringend zwei Kabelträger, und bevor wir uns zwei stramme HJ-Buben zuteilen lassen, ihr versteht schon ...

Jan und Karl schauten sich begeistert an.

Das heißt, wir können euch helfen, fragte Jan ungläubig.

Wir bitten euch sogar darum.

Und wir können mit euch ins Stadion hinein?

Na draußen können wir die Sportler schlecht filmen.

Ich glaub, ich spinn, rief Karl.

Das kannst du dir für die Zeit nach den Spielen aufsparen. Wisst ihr schon, wo ihr schlaft? Ihr habt doch Decken dabei? Dann könnt ihr bei uns auf dem Boden schlafen. Und wenn ihr wollt, nehmen wir euch nach den Spielen auf dem LKW nach Prag mit. Von dort müsst ihr allerdings schon alleine weiterfahren. Immer moldauaufwärts, da könnt ihr eure Stadt gar nicht verfehlen.

*

Ja, sagte Tomaschek, das war unglaublich, damals in Berlin. Das werde ich nie vergessen.

Ich auch nicht, sagte Hadrava, und zwei Jahre später haben wir uns nicht mehr gekannt. Auf einmal war alles anders, die Leute, die Atmosphäre, was für eine Feindseligkeit. Erinnerst du dich an den verrückten Autofahrer aus Krumau mit seinen Hühnern und Hunden?

Du meinst wohl den Schwejda, den Chauffeur vom Schwarzenberg mit der Eisenplatte im Kopf?

Ja, sagte Hadrava, der hat alles vorausgesehen, das war geradezu unheimlich. Aber damals hat ihn niemand ernst genommen. Du erinnerst dich vielleicht noch an das Nordlicht.

Natürlich, war ja überall zu sehen, im Jänner 38, und die Leute haben es für eine Warnung des Himmels gehalten.

Kurz darauf ist Schwejda wieder nach Budweis gekommen, sagte Hadrava, an einem eiskalten Tag.

*

Die Marktfrauen waren in dicke Wolljacken gehüllt, viele trugen Mützen statt der Kopftücher, nur die blanken Hände ragten aus den Ärmeln, die sie immer wieder aneinander rieben, rot und klamm von der Kälte. Der knatternde Motor seines Wagens kündigte Schwejda an, bevor man ihn sehen konnte. Eingemummt in einen dicken Pelzmantel, die Haube über die Ohren gebunden, mit Lederhandschuhen und flatterndem Schal lenkte er seinen Wagen auf den Platz. Das Dach war zurückgeklappt wie im Sommer, auf der Rückbank neben den Hühnern auch Hunde, die ihre Schnauzen hechelnd in die Luft hielten.

Da bin ich wieder, *dámy a pánové*, meine Damen und Herren, Gott zum Gruße, er grüße euch, grüße euch alle! Hab ich's nicht gesagt? Unglück wird kommen, Unheil, *kalamita*! Habt ihr die Sprache des Himmels verstanden, die Warnung des Nordlichts? Das unheimliche grün-rot-schwarz-gelb-violett schimmernde Licht am Himmel? Der ganze Böhmerwald in Flammen, und er wird wieder in Flammen stehen, kein Herz wird mehr schlagen, kein Name gerufen werden, niemand von euch wird mehr hier sein …

Ein kleines Mädchen riss sich von seiner Mutter los, lief auf den Wagen zu und rief laut: *krumlovský kapitán, nemá plán, nemá plán …*

Schwejda packte das Mädchen, hob es hoch, dass es laut aufschrie und die Frauen zu kreischen begannen.

Ein Polizist, der in der Nähe stand, rief:

Verschwinde Schwejda, bevor ich dich einsperre, und sag deinem Fürsten in Krumau, dass du hier Hausverbot hast.

Schwejda lachte scheppernd, stellte das Mädchen auf den Boden, das wie erstarrt stehen blieb, und rief mit dröhnender Stimme:

Die Enten werden gebraten vom Himmel fallen und beim Aufprallen explodieren, dass ihr euch nur so umschaut in den Gassen. In den Kellern wird Blut fließen, wenn der große Schlächter kommt, erst der eine, dann der andere. Das wird ein Totentanz werden, wenn die Frauen am Wehr im Wasser liegen, und die Kinder die Sterne aufsammeln, die ihre Väter vom Himmel herunterschießen: Piff, piff, paff, bis eine große Dunkelheit auf dem Land liegt, keine Mondfinsternis, sage ich euch! Eine Menschenfinsternis, ganz dunkel wird die Stadt sein, so dunkel, wie ihr sie noch nie erlebt habt, alle Fenster verschlossen, alle Lampen erloschen, kein Mucks zu hören, nur die schauerliche Nachtflöte wird spielen, lauter als jeder Glockenschlag ...

Schwejda fixierte die Frauen, die ihm erschrocken und ängstlich zuschauten:

Du und du, und du, ihr werdet es nicht überleben, und du, er schaute das Mädchen an, das immer noch reglos vor ihm stand, was starrst du mich so an?

Er holte ein Huhn aus dem Wagen und warf es dem Kind in die Arme, packte es am Genick und zerrte es zum Brunnen, zur Brunnenfratze:

Schau sie dir an, rief er mit dröhnender Stimme, das ist der Tod, der Tod, *smrt, smrt!!*

*

Das arme Mädchen, sagte Tomaschek und schüttelte den Kopf. Das hab ich nicht mitbekommen. Aber später hab ich den Schwejda noch einmal erlebt, du wirst es nicht glauben, auf dem Parteitag der NSDAP im Juni 39, da war er vollends verrückt, ein verrückter Provokateur.

An diesen Parteitag erinnerte sich Tomaschek mit gemischten Gefühlen. Zwei Tage vor der Maturaprüfung, die ihn nervös genug machte, wurde er von der HJ zu Aufsichtsdiensten eingeteilt. Der zaghafte Hinweis auf die bevorstehende Prüfung bewirkte nur die gereizte Frage, ob er seine kleine Kopfprüfung etwa wichtiger nehme als die Partei des Führers, ihren ersten Parteitag in seiner Heimatstadt Budweis.

Die Nervosität der örtlichen Partei-, Polizei-, SA-, HJ- und BDM-Kräfte war übergroß, rechnete man doch mit einem Massenaufmarsch von Menschen, die aus den verschiedenen Gauen und dem Protektorat zusammenkamen. Da durfte nichts schiefgehen, musste alles bis ins Kleinste vorbereitet sein, das war man dem Führer und der Partei und der Stadt und Kreisleiter Westen schuldig, der keine Stunde zu schlafen schien.

*

Schon am Vortag wurden die Aufmarschstellen auf dem Ringplatz, der jetzt Adolf-Hitler-Platz hieß, mit dicken Kreidestiften auf das Pflaster gemalt, und Tomaschek musste mit seinen HJ-Jungen in aller Früh auf dem Platz stehen und die Rechtecke und Quadrate überprüfen, während Ossi seine SA-Leute herumkommandierte und von einer Ecke in die andere jagte. Viel zu früh rückten die ersten Formationen an und ließen sich nur widerwillig zurückweisen, hatten sie doch gehofft, einen Platz in der Nähe der Rednertribüne zu ergattern.

Mitten in diese nervöse Stimmung hinein ertönte plötzlich ein Rattern und Knattern. Schwejda bog mit seinem Praga Alfa auf den Hauptplatz ein, von niemand aufgehalten, ja mit neugierigen Blicken und hochgestreckten Armen begrüßt, hatte er doch übergroße Hakenkreuzwimpel auf den schwarzen Kotflügeln und so viele Orden und Abzeichen auf seiner Uniformjacke, dass es sich auf den ersten Blick nur um einen hohen General, um einen Ehrengast handeln konnte. Die Ordner bildeten ein strammstehendes Spalier, noch bevor Ossi, der auf einer entfernten Seite des Platzes agierte, seine Schimpfbefehle unterbrechen und zur Tribüne laufen konnte. Schwejda hielt den Wagen unmittelbar davor an, stieg mit vollendeter Selbstverständlichkeit aus, öffnete die hintere Wagentüre, verbeugte sich tief und rief mit scheppernder Stimme, die über den halben Ringplatz dröhnte:

Wir sind da, Herr Feldmarschall, General von Kräh, wenn ich bitten darf!

Und tatsächlich stolzierte ein überaus prächtiger Hahn mit tiefrotem Kamm und langen, in allen Farben schillernden Schwanzfedern aus dem Wagen. Noch ehe die Verblüffung der Menschen in ein wieherndes Gelächter umschlug, das wie eine Welle über den Platz wanderte, schrie Schwejda, so laut er konnte:

Krieg wird es geben, *válka*, Unheil, Untergang, ihr alle werdet sterben, alle!

Noch lauter hörte man Ossi brüllen:

Wer hat den Idioten durchgelassen? Festnehmen, sofort festnehmen!

Schwejda versuchte, zum Wagen zurückzugehen, doch da hatten ihn zwei SA-Leute gepackt und schlugen so brutal auf ihn ein, dass er auf die Knie sackte. Einer zog ihm einen Knüppel über den Kopf, dass seine Metallplatte laut schepperte und Blut über sein Gesicht rann.

Abführen, einsperren, schrie Ossi mit sich überschlagender Stimme. Während zwei SA-Leute Schwejda wegbrachten, der von ihnen mehr mitgeschleift als abgeführt wurde, versuchten andere, den Gockel einzufangen, der aufgeregt mit den Flügeln schlagend zwischen den grölenden Parteileuten hin- und herflatterte und schließlich in eine der Seitenstraßen entwischte. Ossi war außer sich vor Wut:

Räumt den Platz, sofort, den Wagen!

Die eingeschüchterten SA-Leute wollten den Wagen wegbringen, aber sie fanden keinen Schlüssel, konnten den Motor nicht anwerfen, versuchten vergeblich, den Wagen zu schieben, und mussten schließlich die Wehrmacht um Hilfe bitten, die das Automobil abschleppte.

Dies alles passierte, während sich der Platz immer mehr füllte und Tomaschek und seine HJ-Jungen, die nicht glauben konnten, was sie da gerade erlebten, sich um die Betreuung der Gäste kümmerten.

*

So war das damals, sagte Tomaschek.

Das habe ich nicht gewusst, sagte Hadrava.

Die Sokolleute waren auch nicht eingeladen, Honza. Ihr habt euch auf die Matura vorbereitet. Und wir wurden verdonnert, kein Wort von diesem Zwischenfall zu erzählen. In den Zeitungsberichten wirst du keinen einzigen Hinweis, nicht einmal eine Andeutung finden. Und so war dieser Parteitag der schönste und beste und gelungenste, den wir in Budweis jemals erlebt haben.

Und deine Maturaprüfung?

Du kannst dir denken, wie angespannt und nervös ich war, sagte Tomaschek, so knapp nach dem Parteitag. Natürlich der Fauststoff in der deutschen Dichtung. Da konnte ich Professor Kollmann einiges von Goethe erzählen, aber sonst wusste ich nicht gerade viel. Dann kam *Agnes Bernauer* von Hebbel dran. Darüber hatten wir im Unterricht gesprochen, also bin ich durchgekommen. In Latein musste ich aus den *Metamorphosen* von Ovid übersetzen, das ging auch ganz gut, weil Professor Klauzal immer wieder nachhalf. Aber in Tschechisch sollte ich über Erbens *Slovanská čítanka* sprechen, über seine Darstellung von Gott und Teufel, hättest Du das gewusst?

Na ja, vielleicht, meinte Hadrava.

Also ich hatte keine Ahnung und hab den Dr. Schmid nur mit großen Augen angeschaut. Da hat er mich plötzlich nach meinen Sommerplänen gefragt, und da ich ganz gut auf Tschechisch erzählen konnte, dass ich vorhatte, mit den HJ-Jungen ins Zeltlager zu fahren, war er zufrieden und hat mir eine gute Note gegeben. So war das Honza. Und bei dir, wie war das bei dir?

Na ja, es war schon einschüchternd, ganz alleine vor den Lehrern zu sitzen, erinnerte sich Hadrava. Nur gut, dass fast ausschließlich unsere Fachlehrer geprüft haben.

Das war auch bei uns so, sagte Tomaschek.

Die Husoková, unsere Tschechischlehrerin, wollte etwas über Evon Svatopluk Čech wissen, über den *Schmied von Lešetín*, mir hat der Roman schon damals nicht besonders gefallen. In Latein haben sie mich nach der *Verschwörung des Catilina* gefragt, darüber hatten wir lange genug im Unterricht gesprochen, und in Deutsch sollte ich den Diener Just in *Minna von Barnhelm* charakterisieren. Das wusste ich nun wirklich nicht. Später haben sie mir gesagt, dass das der Diener von Tellheim ist, ich hatte es einfach vergessen. Aber Professor Baťa hat mir eine zweite Chance gegeben und nach dem Leben von Schiller und *Wallenstein* gefragt. Da wusste ich Bescheid und damit hatte ich es geschafft. So war das Karli, eigentlich ganz normal, wenn die Umstände nicht so bedrückend gewesen wären, wenige Wochen nach der Okkupation.

Und vor dem Beginn des Kriegs, Honza, der Krieg hat alles endgültig zunichtegemacht.

Und Schwejda, weißt du, was aus ihm geworden ist?

Den hat niemand mehr gesehen. Weder in Budweis noch in Krumau. Ich fürchte, dass man ihn in ein KZ oder eine Irrenanstalt eingeliefert und stillschweigend beseitigt hat.

Ermordet, Tomaschek.

Ermordet, Hadrava.

Eine Zeit lang saßen sie sich schweigend gegenüber. Dann erhob sich Hadrava, nahm ihre beiden Gläser und füllte sie am Ausschank mit Bier.

Auf Schwejda, Karli!

Auf Schwejda, Honza!

Beide nahmen einen kräftigen Zug, setzten die Gläser auf den Tisch und starrten in das Bier. Hadrava räusperte sich.

Und trotzdem verstehe ich nicht, wie sich die Atmosphäre so schnell verändern konnte, wie aus Menschen, die friedlich nebeneinander lebten, mehr oder weniger friedlich, so schnell Feinde, ja Todfeinde werden konnten. Weißt Du, wie oft euer Professor Herz umziehen musste, bevor man ihn nach Theresienstadt abtransportierte, Tomaschek?

Nein, Hadrava.

Dreimal, in immer kleinere Wohnungen, mit anderen Juden zusammen. Gnadenlos hat man ihre Wohnungen konfisziert, sie auf die Straße gesetzt. Und weißt du, was man mit den Kindern gemacht hat, wenn ihre Eltern abgeführt wurden?

Nein, Hadrava.

Man hat sie einfach auf der Straße stehen lassen, vor der verschlossenen Haustüre, sieben und neun Jahre alt. Ich weiß das von zwei Mädchen, weil Elsa mit der Familie befreundet war. Und weiß du, wer ihnen geholfen hat?

Nein, Hadrava.

Du weißt nichts, Tomaschek, weil du weggeschaut hast, weil du nichts wissen wolltest.

Weil ich im Krieg war, Hadrava, weil ich gar nicht in Budweis war.

Aber viele andere waren da, Verwandte, Freunde, Geschäftsleute, die nichts dabei gefunden haben, die einverstanden waren, die gar nicht schnell genug erklären konnten, dass ihr Café, ihre Apotheke, ihr Hotel arisch ist. Da warst du noch da, Tomaschek. Du weißt sicher nicht, wer das gewesen sein könnte.

Du wirst es mir gleich sagen, Hadrava.

Die Drogerie *Zum schwarzen Hund* zum Beispiel, in der Landstraße, plötzlich ein „deutsch-arisches Unternehmen", *Hansens Buchhandlung* am Ring neben dem Rathaus, plötzlich wirbt sie mit „Nationalsozialistischer Literatur, mit Büchern der Bewegung, mit Führerbildern, Karten und Abzeichen", *Wimmers Fleischhauerei* in der Traubengasse auf einmal ein „deutsch-arisches Unternehmen", das Gasthaus *Zum grünen Kranz* am Ring ein „alt nationalsozialistisches Gasthaus", soll ich fortfahren, Tomaschek?

Nein, Hadrava, es hat viele gegeben.

Berauscht wart ihr, Tomaschek, von Eurem Herrentum, von Euren Kriegserfolgen, von Eurer Herrschaft in der Stadt. Aber wart ihr auch berauscht von den Demütigungen, von den Verhaftungen, von den Folterungen im Gestapokeller?

Nein, Hadrava, das waren wir nicht, das waren die wenigsten, das bekamen die meisten gar nicht mit, die Straßen waren sauber. Gefoltert wurde in den Kellern.

Ach, Karli, wie sauber die Straßen doch waren, gesäubert, ja, und überall die Schilder „Für Juden verboten", die gelben Sterne, die vielen Uniformen, aber ihr habt nichts gesehen und nichts gehört. Ich weiß schon, warum ich in den Widerstand gegangen bin, nachdem ihr meinen Vater umgebracht habt. Damals hab ich mir geschworen, dass ich nicht ruhen werde, bis Budweis wieder tschechisch ist. Und als ich aus der Zwangsarbeit entlassen wurde, war ich sofort dabei. Wir haben Weichen und Signalanlagen zerstört, Lagerhallen und Büros in die Luft gesprengt, Motorräder und LKWs fahrunfähig gemacht, und niemand hat uns verraten, niemand wurde erwischt, bis zum Kriegsende nicht.

Ja, Hadrava, und ihr habt nicht gezögert, Menschen zu töten, Arbeiter, Beamte, Parteileute.

Es war Krieg, Tomaschek. Was glaubst du, was eure Soldaten und SS-Leute gemacht haben?

Ja, es war Krieg, Hadrava, und nach dem Krieg habt ihr nicht aufgehört, dann ist die Stunde der Rache gekommen, dann habt ihr Jagd auf Wehrlose gemacht, auf Frauen, alte Männer, Kinder. Und ihr habt euren Hass nicht vor der Bevölkerung versteckt, ihr habt ihn in aller Öffentlichkeit ausgelebt, und ihr seid in Häuser und Wohnungen eingedrungen, habt geschlagen, vergewaltigt, gemordet. Das war nicht mehr im Krieg.

Das war nicht mehr im Krieg, Tomaschek.

Weißt du, wie viele Leute sich umgebracht haben, nicht fanatische Nazis, sondern durchschnittliche Menschen, aus Angst vor euren Schlägen und eurer Rache?

Nein, Tomaschek.

Hunderte waren es, hunderte. Und weißt du, wie viele Deutsche in Budweis ermordet wurden?

Nein, Tomaschek, niemand hat sie gezählt.

Hunderte, Hadrava, die alte Kuderna, die Milchfrau, die hast du doch gekannt, mit dem Gewehrkolben erschlagen. Und vor dem Kreisgericht, vor dem sich die Deutschen einfinden mussten, weißt du, was da passiert ist?

Du wirst es mir gleich sagen, Tomaschek.

Bespuckt, getreten und geschlagen wurden sie, selbst von tschechischen Frauen. Plötzlich waren alle unglaublich tapfer, die so lange den Mund gehalten und sich geduckt hatten, die sich als Denunzianten, Spitzel und Zuträger kleine Belohnungen und Anerkennungen eingehandelt hatten. Weißt du, wie man das nennt, tapfer gegenüber Wehrlosen zu sein? Du hast von den beiden jüdischen Mädchen erzählt. Weißt du, was man mit sudetendeutschen Kindern gemacht hat, deren Eltern man eingesperrt hat?

Nein, Tomaschek.

Man hat sie genauso auf der Straße stehen lassen wie die beiden jüdischen Kinder.

Das ist unmenschlich und unverzeihlich.

Ja, sagte Tomaschek, genauso wie die Behandlung der jüdischen Kinder. Der Mob war außer Rand und Band. Die Deutschen waren Freiwild. Nicht die hohen Partei- und Gestapo- und NSDAP-Führer, die sich alle schnell abgesetzt hatten, sondern die vielen einfachen Leute, die an Hitler geglaubt, die Heil gerufen, die Parteimitglieder waren, deren Söhne im Krieg gefallen sind! An denen habt ihr eure Rache ausgelebt, ohne ordentliche Gerichte, ohne Beweisaufnahme, ohne Verteidigung, im Schnellverfahren. Am Ottilienfriedhof mussten viele ihr eigenes Grab schaufeln, bevor man sie erschossen hat. In der Garage der Täublerfabrik wurden Männer zu Tode geprügelt, ja, dort, wo sich die Juden damals versammeln mussten. Und als die erste Terrorwelle abgeklungen war, als ihr die Rachegelüste befriedigt hattet, ist euch nichts anderes eingefallen, als die Nazis nachzuahmen und die Deutschen wie die Juden zu behandeln. Ihr habt ihnen Radios und Fahrräder weggenommen, sie durften nicht mehr in die Schwimmbäder und in die Parkanlagen gehen, nicht mehr mit der Straßenbahn fahren, nur noch zu bestimmten Zeiten einkaufen und mussten sich mit einer weißen Armbinde für jedermann kenntlich machen. Und schließlich habt ihr sie interniert, zur Zwangsarbeit verpflichtet, beraubt, gedemütigt und abgeschoben.

Was die Alliierten beschlossen haben.

Ach Honza, eure ständige Ausrede, ja, die Alliierten, nachdem ihr längst Nägel mit Köpfen gemacht hattet. Von Beneš bis zu den kleinsten Ausschussvorsitzenden habt ihr ein Klima der Demütigung und Rechtlosigkeit erzeugt, das dazu beigetragen hat, alle Deutschen als Freiwild zu erklären. Und du, Hadrava, warst nicht nur ein tapferer Widerstandskämpfer bis zu den letzten Tagen des Krieges, du warst auch ein tapferer Rächer und Revolutionär nach dem Ende des Krieges. Und während in London, Paris und New York die Friedensglocken läuteten, hast du Jagd auf Deutsche gemacht, nicht nur in Budweis, sondern auch im Grenzgebiet, Jagd auf Flüchtlinge, Frauen, Kinder und alte Männer. Und ihr habt nicht einmal vor euren eigenen Leuten Halt gemacht, ihr habt Lenka ermordet, die euch nichts getan hat.

Sie hat unser Volk verraten, sich mit Nazis abgegeben, mit SS-Leuten.

Ja, Hadrava, ich weiß, und ich hab selber am meisten darunter gelitten, dass sie mit diesem Stallbaum herumgezogen ist. Das hat sie getan, so wie andere tschechische Frauen, die sich mit deutschen Soldaten und SA-Männern abgegeben haben, ohne dass sie damit euer Volk verraten haben. Aus Leichtsinn, aus Liebe, aus Lust, weil sie sich geschmeichelt gefühlt haben, weil sie verliebt waren, Honza.

Verliebt, natürlich, und ganz zufällig in die Uniformträger der Nazis. Sag mir doch, Tomaschek, was habt ihr mit deutschen Frauen gemacht, die sich mit Juden eingelassen haben oder mit Kriegsgefangenen ...

Das ist ein anderes Kapitel, Hadrava.

Natürlich, das war etwas anderes. Für euch war es selbstverständlich, sie zu ächten und zu bestrafen, bei uns war das ein Verbrechen.

Nach dem Krieg, Hadrava, nach dem Krieg.

Im Krieg kann es also nicht Liebe, Lust und Leichtsinn gewesen sein. Du misst mit zweierlei Maß, Tomaschek.

Ganz und gar nicht, aber du weichst aus, Hadrava, weil du nicht zugeben willst, dass ihr zu Verbrechern geworden seid, nach dem Krieg.

Ja, Tomaschek, aber zunächst sind viele von euch zu Verbrechern geworden während des Kriegs, und dann einige von uns danach. Wir waren alle froh, den Krieg überlebt zu haben, und viele, vielleicht sogar die meisten waren froh, dass die Menschen, die uns so viel Schrecken und Leid beschert hatten, plötzlich ganz klein und ohnmächtig waren. Und ja, Tomaschek, ich wollte mich rächen, für die Ermordung meines Vaters, für die jahrelange Unterdrückung, für die Schließung der Universität, für die Zerstörung meiner Zukunft. Ich bin mit anderen Tschechen durch das Grenzgebiet gezogen, wir haben Flüchtlinge abgepasst und ausgeraubt, wir haben Soldaten entwaffnet und zusammengeschlagen, und wenn wir SS-Leute erwischt haben, dann haben wir sie umgebracht. Aber niemals haben wir Frauen und Kinder geschlagen.

Wofür Lenka, das beste Beispiel ist, Hadrava … Ich kann dir nur sagen, wenn ich nicht meine Sanitäteruniform mit der Rotkreuzbinde gehabt hätte, wäre ich kaum am Leben geblieben. Wie sie im Krankenhaus gewütet haben, kannst du dir nicht vorstellen. Die deutschen Patienten einfach auf die Straße gesetzt oder im Keller abgestellt, ohne sich weiter um sie zu kümmern, halbnackt lagen sie da, ohne Betreuung, ohne Verpflegung. Und die tschechischen Ärzte und Schwestern haben mitgemacht, nicht alle, nein, nicht alle, das kann ich bezeugen, aber viel zu viele verstanden plötzlich kein Deutsch mehr, weigerten sich, deutsche Patienten zu behandeln, vor allem wenn es Soldaten waren. Und die deutschen Ärzte und Sanitäter wurden zu Handlangern und Putzkräften degradiert, wehe, wenn sie die Anweisungen nicht befolgten. Erst die russischen Offiziere und Ärzte haben der tschechischen Willkür einen Riegel vorgeschoben, haben für einen ordentlichen, halbwegs humanen Betrieb gesorgt.

Weißt du, warum ich überhaupt noch einmal gekommen bin?

Nein, sagte Hadrava.

Nicht, um Rache zu nehmen oder mich daran zu weiden, wie schnell ihr alles verspielt habt, was ihr uns geraubt habt, oder wie stark euch das kommunistische Regime entwürdigt und verarmt hat, während wir im Westen nach den bitteren Anfangsjahren zu vollberechtigten Bürgern geworden sind und Jahre des Friedens, der Freiheit und des wachsenden Wohlstands erlebt haben. Ja, Honza, ich konnte mein Studium beenden, bin Arzt geworden, habe eine Familie gegründet, ein Haus erworben, habe an Kongressen in England, Italien und den USA teilgenommen, während du in dieser Zeit, was hast du gemacht, Honza?

Ich hab auch studiert, Karli, hab eine schöne Stelle als Ingenieur am Technischen Museum in Prag gefunden, war in Moskau, Budapest und Belgrad, hab geheiratet, eine Tochter bekommen und bin zufrieden gewesen, bis zur Niederschlagung des Prager Frühlings. Dann hab ich alles verloren, meine Anstellung, meine Wohnung, sogar meine Ehe ist in die Brüche gegangen.

Siehst du, Honza, es hat euch nichts gebracht, dass ihr uns vertrieben habt, es hat euch in die Unfreiheit und in die Armut getrieben.

Warum bist du dann gekommen, Karli?

Der Soldat im Keller des Budweiser Krankenhauses, den ihr so elend habt verrecken lassen, der hat mir einen Hinweis auf ein Versteck gegeben.

Wegen Geld bist du gekommen, wirklich?

Wegen Gold, Honza, Gold, das hole ich mir noch.

Das kann ich nicht glauben, Karli, so wie du den ganzen Abend geredet hast, ist es doch die Vergangenheit, die dich nicht loslässt. Karli als Schatzgräber, das ist lächerlich.

Lach nur, schau her. Tomaschek holte das Gebetsbuch und das Heiligenbild aus dem Rucksack. Auf der Rückseite hat er es aufgeschrieben, ein Rätsel. Er wollte nicht, dass die falschen Leute einen Hinweis bekommen, falls das Bild in ihre Hände gerät. Damit kannst auch du nichts anfangen, was?

Hadrava schaute sich die Zeilen auf der Rückseite des Heiligenbildes an und las laut: *Im Angesicht der Wälder.*

Den Spruch kenne ich, Karli, er befindet sich auf einem Grab.

Wo?

Im Kirchhof von St. Thoma.

Bist du sicher?

Ganz sicher. Es ist das Grab eines Försters. Ich bin oft genug da gewesen.

Aber wie sollte der Soldat dort hinauf gekommen sein?

In den letzten Kriegstagen ging alles drunter und drüber, das weißt du doch Karli.

Ja, man konnte überall auf Soldaten, SS, Russen, Amerikaner, Flüchtlinge, Goldgräber, Möchtegernrevolutionäre stoßen. Und du hast sie umgebracht, Hadrava …

Ich habe dir das Leben gerettet.

Das hast du schon einmal gesagt. Beweis es mir. Erst hast du mich niedergeschlagen, dann hast du Lenka erschossen.

Wenn ich dich nicht niedergeschlagen hätte, Tomaschek, würdest du heute nicht hier sitzen. Holub hätte dich umgebracht. Hast du überhaupt keine Erinnerung?

Wie denn? Mir hat sich alles gedreht, ich war halb bewusstlos. Irgendjemand hat geschrien: Dann brauchen wir sie nicht mehr! Das warst du, und gleich darauf ist der Schuss gefallen.

Das war nicht ich, das war Holub. Und es sind zwei Schüsse gefallen, nicht einer. Mit dem ersten hat Holub Lenka getötet, mit dem zweiten habe ich ihn niedergeschossen. Er hatte schon auf dich gezielt. Ich bin ihm zuvorgekommen.

Ich erinnere mich nicht, Honza, es kann ein Schuss, es können zwei gewesen sein. Aber die Maschinenpistole hab ich gehört, ganz in der Nähe, und plötzlich wart ihr fort.

Ja, wir haben uns zurückgezogen und Holub mitgeschleift.

Und mich habt ihr liegen gelassen.

Eure SS-Leute hätten dir schon nichts angetan.

Hast du eine Ahnung. Für die war der Krieg noch lange nicht zu Ende. Und Lenka, was habt ihr nur mit Lenka gemacht.

Das tut mir leid, Karli, aber ich konnte sie nicht retten.

Wenn du sie nicht erschossen hast.

Ich kann dir das Gegenteil nicht beweisen.

Das kannst du nicht.

So wie du mir nicht beweisen kannst ...

Honza, es ist furchtbar, wir haben beide unsere Geliebte verloren. Ich hab dich all die Jahre für ihren Mörder gehalten. Jetzt weiß ich es nicht mehr.

Ja, Karli, und mein Hass war ein versteinerter Klumpen in meinem Magen, den ich all die Jahre nicht verdauen konnte. Jetzt habe ich zum ersten Mal das Gefühl, dass er sich auflöst.

Weil wir beide unsere Jugendfreundinnen verloren und uns gegenseitig verdächtigt haben.

Ich habe sie nicht verloren, Karli.

Wie bitte?

Ich wollte es dir nicht sagen, aber jetzt musst du es wissen: Elsa lebt, hat überlebt ...

Was erzählst du da?

Ich habe sie gesehen, hier in Oberplan, vor wenigen Tagen.

Du nimmst mich auf den Arm, Honza. Damit macht man keine Witze.

Ich schwöre dir, sie war da, mit einer Reisegruppe. Lauter ältere Damen aus Israel, die ihre Heimat noch einmal sehen wollten, nach dem Fall des Eisernen Vorhangs.

Aus Israel, sagst du?

Aus Israel, und alle von hier, von Prag, von Budweis, von Krumau, von Prachatitz. Sie haben das Stifterhaus besucht. Du weißt ja, ich bin dort angestellt. Und noch bevor ich etwas sagen konnte, hat eine ältere Dame in bestem Deutsch von Stifter erzählt. Und was sie alles wusste, wann er gelebt, wo er aufgewachsen ist, was er geschrieben hat. Mir war schnell klar, dass diese Frau mehr von Stifter weiß als ich. Und wie sie gesprochen hat, mit glänzenden Augen und lauter Stimme, eine würdevolle ältere Frau mit kurzen weißen Haaren und einer dunklen Brille.

*

Und wisst Ihr, sagte sie zu ihren Freundinnen, wir waren so vernarrt in Stifter, damals, dass wir ganze Passagen aus seinen Erzählungen auswendig konnten und einen Geheimcode aus Zitaten entwickelt hatten, mit dem wir uns zu erkennen gaben, dass wir zum innersten Stifterkreis gehörten und eine kleine Brosche mit einer fünfblättrigen Waldrose besaßen.

Sie musste plötzlich lachen und konnte gar nicht mehr aufhören, bis ihr die Tränen kamen.

Und wisst Ihr, rief sie und es klang gleichermaßen begeistert und erschüttert, wenn jemand rief: *Ein Huhn ist nicht möglich, sagte die Wirtin*, dann gab es nur eine Antwort darauf. Könnt ihr sie erraten? Nein, das könnt ihr nicht.

Ich glaubte meinen Ohren nicht, Karli, das musste, das konnte nur Elsa sein. Und bevor sie selber die Antwort gab, sagte ich laut: *Dann muss der Tropf gezüchtigt werden*!

Da hättest du sehen sollen, wie Elsa zusammenfuhr, wie sie blass wurde und zu zittern begann und mit leiser, fast tonloser Stimme fragte:

Und der dritte Satz der Parole?

Ich flüsterte: *Oh du heiliges Gold des Gewissens.*

Wir starrten uns beide an, als ob wir Gespenster wären. Die Reisegruppe bildete einen Kreis ratlosen Schweigens.

Honza? flüsterte sie.

Elsa, sagte ich, du lebst?

Karli, in meinem ganzen Leben habe ich nicht eine solche Gänsehaut bekommen wie in diesem Augenblick, mir fuhr es heiß und kalt durch den Körper: ein Sturm von Gefühlen, wahnsinnige Freude, bodenloses Erschrecken, Zweifel, Glückseligkeit, Trostlosigkeit ...

Später beim Essen in der Wirtschaft saßen wir zu zweit an einem Tisch, die anderen Damen hatten ihn uns teilnahmsvoll überlassen. Wir hielten uns an den Händen und sagten lange kein Wort. Schließlich fragte ich:

Und Deine Eltern, Deine Mutter?

Elsa zuckte traurig mit den Schultern und schüttelte den Kopf.

Dein Vater?

Sie schüttelte den Kopf.

Deine Schwester?

Alle wurden umgebracht. Ich bin die Einzige. Es gibt kein Grab, nichts. Und deine Mutter, Honza?

Ist vor 15 Jahren gestorben, in Budweis, sagte ich.

Und dein Vater?

Wurde von den Nazis erschossen.

Elsa sagte nichts, sie drückte nur meine Hände.

Weißt du, was aus meinen jüdischen Klassenkameraden geworden ist? fragte sie schließlich. Edita Gans, Peter Flusser, Erich Kende, viele sind ja schon vor der Matura weggeblieben, Edita, Leo Wolt, Hans Žalud ...

Keiner hat überlebt, Elsa, alle wurden umgebracht, das heißt, fast alle. Žalud ist nach Kanada ausgewandert, er ist einer der wenigen, er soll in Wien sein ...

Und unser alter Professor Herz?

War in Theresienstadt, Auschwitz, Buchenwald und nach dem Krieg noch einmal Professor in Budweis, am tschechischen Gymnasium. Ich hab ihn ein paar Mal besucht. Ein feiner alter Herr. Er ist 1976 gestorben, sein Grab ist auf dem jüdischen Friedhof.

Und seine Söhne?

Einer konnte nach Amerika emigrieren. Angeblich, weil ihm Kreisleiter Westen geholfen hat.

Und der andere?

Hat die Lager überlebt und ist nach Prag gegangen. Und du, Elsa, hast du in das Leben zurückgefunden, hast du die Trauer überwinden können?

Die Trauer werde ich nie überwinden, Honza, aber ich habe wieder Mut gefasst, ich hab in einem Kibbuz gelebt und dort meinen Mann kennengelernt, der Offizier bei der Luftwaffe geworden ist, und jetzt schon lange mit mir in Haifa lebt.

Habt ihr Kinder?

Drei Söhne, die unser ganzer Stolz sind, und fünf Enkelkinder. Du musst uns besuchen, Jan, ich habe ihnen viel von dir erzählt.

Das hat sie gesagt, Tomaschek, eine ältere Frau mit einem wunderschönen Gesicht, in dem du buchstäblich lesen konntest, Falte für Falte, in dem alles aufgeschrieben war, tiefste Trauer und tapferster Lebensmut, Heiterkeit und Wärme. Sie muss eine wunderbare Mutter sein und einen guten Mann gefunden haben. In diesem Augenblick ist mir klar geworden, dass ich sie endgültig verloren habe, dass ich all die Jahre ihr Jugendbild vor Augen hatte, als ob sie aus der Zeit gefallen, als ob sie nicht älter geworden wäre, für immer im Bernstein der späten 30er Jahre verewigt. Aber das war ein Trugbild, Karli, sie hat weitergelebt, sie ist Jahr um Jahr älter geworden, sie hat unendliche Leiden durchgemacht und schließlich ein neues Leben begonnen und ist zu einer reifen Frau herangewachsen, Mutter, Großmutter, nichts davon haben wir gemeinsam erlebt. Was uns verbindet, ist ein ferner Jugendtraum, sind wenige glückliche Monate, bevor das Leben aus den Fugen geraten ist, eine Insel der Erinnerung, die immer ferner gerückt, immer unwirklicher geworden ist.

Das ist erschütternd, sagte Tomaschek, und zugleich wunderbar. Was für ein Glück und was für ein Schmerz. Ich dagegen kann nur sagen, dass Lenka nie eine reife Frau werden durfte, dass sie nicht Mutter und Großmutter geworden ist, dass ich nicht in das gealterte Gesicht einer Jugendfreundin blicken kann, dass sie tatsächlich in den Bernstein der Erinnerung eingegossen ist. Eine junge, lebenslustige, zukunftsfrohe Frau, deren Leben ausgelöscht wurde, bevor es sich überhaupt entfalten konnte.

Sie schwiegen lange. Dann fragte Tomaschek:

Wirst du sie besuchen, in Haifa?

Ich weiß nicht, Karli, ich weiß nicht, ob ich das tun soll. Würdest du?

Ich weiß es auch nicht, Honza.

Wieder schwiegen sie. Der Alkohol und die Müdigkeit machten sich immer stärker bemerkbar, zwei Männer, die sich weit nach Mitternacht in einem Gasthaus gegenübersaßen und mit dem Schlaf kämpften.

Und nicht einmal unser Fußballspiel haben wir zustande gebracht.

Weil euer Verein kein Interesse hatte.

Was man vom DFC genauso sagen kann.

Die alten Herren, lachte Tomaschek, wieder einmal, dabei hätten wir euch geschlagen, haushoch.

Das meinst auch nur Du, Karli, die tschechische Mannschaft hat immer gewonnen bei den Spielen gegen eure Jugendauswahl.

Aber nur weil ihr ältere Spieler auf das Feld geschickt habt, die gar nicht mehr in der Jugend spielen durften.

Das ist nicht wahr. Wann soll das gewesen sein?

Zum Beispiel 1933 in Prag auf dem Sparta-Platz beim Vorspiel zum Länderspiel gegen Österreich. Kein Wunder, dass ihr da 4:1 gewonnen habt.

Das weißt du noch? Das ist doch schon gar nicht mehr wahr, wenn es überhaupt stimmt.

Ihr hattet Angst, weil wir so gut waren.

Du warst gut, Karli, die anderen deutschen Spieler waren allenfalls mittelmäßig. Wir hätten euch geschlagen.

Dann probieren wir es doch aus.

Als alte Herren, bist du verrückt? Wir kriegen nicht einmal die Mannschaften zusammen, die tschechische noch eher, aber die deutschen Budweiser …

… treffen sich regelmäßig in München, im Ratskeller, sofern sie nicht gefallen sind oder von euch erschlagen wurden.

Ihr trefft euch bis heute?

Nicht alle, aber für ein Fußballspiel würden alle kommen.

Die altgewordene Jugend des SKČB gegen die altgewordene Jugend des DFC, Tomaschek, das machen wir, das kriegen wir hin.

Abgemacht, sagte Tomaschek, das wird unser Endspiel, und wehe, wenn Ihr noch einmal ältere Spieler auf das Feld schmuggelt.

Jüngere, Karli, die Älteren liegen schon lange unter der Erde. Und jetzt machen wir Schluss. Es ist bereits halb vier.

Ja, lass uns Schluss machen. Nur mein Zimmer ...

Der Wirt hat dir den Schlüssel auf die Theke gelegt, du brauchst ihn nur zu holen. Gute Nacht.

Gute Nacht, Honza.

Jetzt erst fiel Tomaschek auf, dass der Wirt die meisten Lichter ausgedreht hatte, dass er im halbdunklen Gastraum saß, der sich kaum merklich dehnte und zusammenzog, als ob er atmen würde, die Lunge von einem schlafenden Riesen, unheimlich und beruhigend zugleich. Hinter dem Ausschank tickte eine Wanduhr, aus der Küche drang der Summton eines Kühlschranks. Die Tische duckten sich in die Dunkelheit. Vor ihm das leergetrunkene Glas von Hadrava und sein eigenes, das noch zu einem Drittel voll war. Tomaschek nahm einen Schluck und stellte das Glas angewidert weg.

Lauwarm, murmelte er, eine lauwarme Geschichte.

Hättest halt schneller trinken müssen, hörte er Hadravas Stimme. War er zurückgekommen? Nein, er hatte sich das nur eingebildet. Sein Kopf sank auf die Tischplatte.

Lauwarm, wiederholte er, Schritte im Gang hinter der Tür, irgendjemand lachte spöttisch, Schwejdas schepperndes Lachen. Lauwarm, eine laue Lauge ...

Als Tomaschek aufwachte, brauchte er eine Zeit, bis er sich zurechtfand. Er war im Gastraum eingeschlafen, sein Kopf auf die Tischplatte gesunken. Mühsam stützte er sich auf. Es war taghell, durch die gekippten Fenster strömte frische Luft, in der sich die weißen Stores bauschten. Aus einem Wandplakat lächelte ihn eine blonde Kellnerin mit schwarzem Mieder und freizügigem Busen an, die in beiden Händen volle Bierkrüge trug. Im Spiegel neben dem Plakat hantierten zwei wirkliche Kellnerinnen. Die eine wischte den Boden des Gastraumes, die andere deckte die Tische. Als sie bemerkte, dass Tomaschek aufgewacht war, rief sie:

Chcete něco k snídani, pane, kávu, rohlíky, párky?

Jenom kávu, sagte Tomaschek, nur einen Kaffee. Sein Schädel brummte und sein Magen gab ihm unmissverständlich zu verstehen, vorsichtig zu sein.

Zwei Stunde später stand er auf dem kleinen Dampfer, der ihn nach Friedberg brachte. Von dort wollte er mit der Fähre nach Heuraffel übersetzen und zu Fuß nach St. Thoma hinaufgehen. In seinem Kopf drehte sich das nächtliche Gespräch. Immer wieder hörte er Hadravas Stimme, tauchten einzelne Worte und Sätze auf. Dann verfiel er in ein Brüten und sah dem braunen Uferstreifen zu, der an ihm vorbeizog, zeitlupenhaft langsam, ein braunes Band, das sich vom See löste und um die letzte Nacht wickelte, um den Gedächtnisraum der Vergangenheit, der so schmerzhaft sichtbar und durchsichtig geworden war.

Ein Geschenk, murmelte Tomaschek, ein Geschenk der Vergangenheit. Oder der Unterwelt? Plötzlich sah er eine nackte Frau am Ufer, sah er Lenka am Ufer liegen, ihre Haut fast so braun wie der Erdstreifen, unbeweglich in der Morgensonne, verführerisch nah. Unbeirrbar langsam und gleichmäßig fuhr das Schiff vorbei, ohne Rücksicht auf Tomascheks Gefühle ließ es die Gestalt kleiner und kleiner werden, Lenka, die sich hier sonnte, die auf ihn wartete, so wie damals, bis ihr brauner Körper mit dem braunen Ufer verschmolz, bis sie unsichtbar wurde.

So zuversichtlich war Tomaschek am gestrigen Tag losgegangen, jetzt war seine Zuversicht von Nadelstichen durchlöchert, seine Gewissheit, sein Gedächtnis. Die unerwartete Begegnung mit einem Jugendfreund, der sich so ganz anders erinnerte, so ganz anders urteilte, hatte ihn zutiefst irritiert. Womöglich war Jan tatsächlich nicht schuld am Tod von Lenka und selber überrascht von der plötzlichen Begegnung, selber verunsichert und irritiert.

Wie sollte Tomaschek das klären, wie sich Gewissheit verschaffen? Das Grab des Försters von St. Thoma konnte er aufsuchen und schauen, ob die Inschrift stimmte, ob Hadrava die Wahrheit gesagt hatte. Je länger Tomaschek darüber nachdachte, umso sicherer war er sich, dass der Soldat das Gold dort vergraben hatte, *im Angesicht der Wälder*. Alle anderen Angaben waren Irreführungen, falsche Fährten, die er bewusst gelegt hatte, damit kein Unbefugter und schon gar nicht ein Tscheche den Schatz in die Hände bekam. Allzu naheliegend der Hinweis auf den Schwemmkanal, irreführend die Anspielung auf die Gutwasserkapelle, auf welche auch ... Nach Friedberg würde er fahren, mit der Fähre nach Heuraffel, nach St. Thoma hinauf gehen, das war der richtige Weg ...

St. Thoma hatte kaum noch etwas mit dem Bild seiner Erinnerung zu tun: verwilderte Gärten und abgewohnte Kasernengebäude, die es früher nicht gab, das alte Forsthaus abgebrannt, die Dachsparren schwarz verkohlt über den Mauern, kaum zu sehen über den Baumwipfeln die Ruine Wittinghausen. Der Kirchhof zugewachsen mit Unkraut, Büschen und kleinen Bäumen, die Mauer zerfallen, das Tor zur Kirche weit geöffnet, im Innern keine Bänke, kein Altar, die Wände verschmiert, nur das Kreuzrippengewölbe an der Decke mit seinen eigenartig überlappten Ausläufen weckte eine ferne Erinnerung. Hier hatte schon lange keine Messe mehr stattgefunden. Tomaschek bahnte sich einen Weg durch das Gestrüpp des Kirchhofes und fand vor der Außenwand der Kirche ein paar Grabsteine, darunter das gesuchte Grab mit der Inschrift:

Hier ruht
im Angesicht der Wälder
die er
durch 42 Jahre gepflegt
Josef Rodler
Oberförster
1. September 1885

Unübersehbar die Zeilen, die deutsche Inschrift, das von Unkraut und Gestrüpp befreite Grab, unübersehbar ein tiefes Loch, die herausgeschaufelte Erde, Pickel und Schaufel. Da musste jemand vor ihm dagewesen sein, in den frühen Morgenstunden, jemand, der von dem Soldaten, von dem Heiligenbild, von den Zeilen auf der Rückseite wusste, das konnte nur ...

Hadrava, rief Tomaschek voll Empörung, du falscher Freund, du Verräter, du Lump ...!

Suchen Sie etwas, hörte Tomaschek eine scharfe Stimme hinter sich und drehte sich erschrocken um. Da stand ein alter Mann mit grüner Joppe und grünem Hut, ein Förster oder Jäger, in den Händen ein Gewehr, neben sich ein Dackel, der Tomaschek mit gesträubten Haaren fixierte, ohne einen Laut von sich zu geben.

Hadrava, rief er noch einmal empört.

Auf Grabschändung steht eine hohe Strafe, sagte der Förster, auch in der Tschechoslowakei, und hob den Lauf seines Gewehres.

Hadrava, das kann doch nicht wahr sein, rief Tomaschek.

Falls Sie den Kustos des Stifterhauses in Oberplan meinen, der kommt öfters hierher.

Sie kennen ihn also, sagte Tomaschek, schaute dem Förster ins Gesicht und erschrak. Seine Züge hatten sich kaum verändert, nur faltiger, viel faltiger und älter war sein Gesicht geworden, aber er erkannte ihn sofort, das war der Mann, der hinter den Revolutionären aus dem Wald getreten war und sich vorsichtig umgesehen hatte. Der Mann mit dem Abzeichen von Hammer und Sichel am Revers.

Sie, rief Tomaschek, Sie sind das?

Sollten wir uns kennen, fragte der Förster?

Und Sie kennen mich auch!

Nicht, dass ich wüsste. Aber wenn Sie darauf bestehen, Grosser ist mein Name, Jaroslav Grosser, ich passe hier auf die Wälder auf, als Nachfolger des Mannes, dessen Grab Sie gerade geschändet haben.

Das war Hadrava, rief Tomaschek, er war heute Morgen hier.

Wie Sie meinen, Doktor Tomaschek.

Also doch, oder woher kennen Sie meinen Namen?

Von Hadrava natürlich, von wem sonst.

Er war also wirklich hier?

Glauben Sie, was Sie wollen. Das ändert nichts an der Strafanzeige, die ich machen muss. Die Grabschändung, Herr Doktor, wird sie teuer zu stehen kommen.

Sie wissen ganz genau, dass ich das nicht gewesen bin.

Ich habe Sie am Grab erwischt, mit Hacke und Schaufel.

Das ist eine infame Lüge!

Sie wollen also leugnen?

Sie stecken doch alle unter einer Decke!

Der Förster lachte.

So wie damals im Mai 1945!

Der Förster wurde schlagartig ernst.

Sie wissen davon? Das war eine schlimme Geschichte. Ein SS-Mann, der sich als Sanitäter verkleidet hatte, versuchte, über den Böhmerwaldkamm zu fliehen. Ein hochgefährlicher Mann. Er hatte eine tschechische Krankenschwester in seiner Gewalt und trieb sie vor sich her. Wir hätten ihn gefasst, wenn nicht plötzlich andere SS-Leute aufgetaucht wären. Das Schwein hat die Krankenschwester erschossen und einen unserer Leute lebensgefährlich verletzt. Hat Ihnen Hadrava davon erzählt?

Tomaschek starrte den Förster fassungslos an:

So habt Ihr euch die Geschichte zurechtgelegt?

Der Förster lachte wieder.

Selbst wenn es anders war, wird sie das nicht vor einer Anzeige bewahren. Darf ich bitten?

Er deutete mit seinem Gewehr auf das Haus gegenüber der Kirche, ein Haus mit einem zerfallenen Anbau und einem blauen Streifen über dem Eingang, auf dem noch die verblasste Inschrift „Hotel“ zu erkennen war.

Sagen Sie mir, was hat Hadrava gefunden?

Sie werden es nicht glauben, nichts, sagte der Förster.

Nichts glaube ich Ihnen, kein Wort.

Kommen Sie, ich habe Besuch, den sollten Sie kennenlernen.

Tomaschek zögerte. Das könnte eine Falle sein, ein Hinterhalt. Wieder regte sich die alte Angst, das Ohnmachtsgefühl. Im nächsten Augenblick kam ihm der Gedanke lächerlich vor. Was sollte ihm der alte Förster schon tun? Was wusste er überhaupt? Was hatte Honza ihm erzählt?

Kommen Sie, wiederholte der Förster, drehte sich um, ging zu dem Haus, öffnete die Türe und stieg eine knarzende Treppe hinauf. Tomaschek folgte ihm langsam, jederzeit bereit, zurückzuspringen.

Im ersten Stock mündetet die Treppe in einen offenen Flur mit einem langen Holzgeländer. An der Wand über dem Geländer ein Sammelsurium von Bildern, Tafeln und Wappen: ein Stalinbild, der böhmische Löwe, Porträts von Masaryk und Beneš, von Gottwald und Husák, ein ausgestopfter Auerhahn, Pferdegeschirr, ein Bild von Václav Havel mit einem roten Herz, das Emblem des Bürgerforums mit den Buchstaben O und F, eine Fotografie des Försters vor dem doppelten Stacheldrahtzaun des Eisernen Vorhangs im Winter.

Die letzten 60 Jahre, dachte Tomaschek, jeder Abschnitt mit seinen Ikonen.

Dieser Mann, sagte der Förster, und deutete auf das Bild von Havel, hat über uns Tschechen einen Schirm der Anständigkeit gehalten. Jetzt glauben alle, die Tschechen wären lauter anständige Menschen. Er öffnete eine Tür, die in die Küche führte, in der eine Frau am Herd hantierte, eine kleine, rundliche Frau mit Schürze, ondulierten Haaren und rot gefärbten Lippen. Am Tisch unter dem Fenster saß zu Tomascheks Überraschung ein Priester, der ihm leicht zunickte.

Monsignore, schauen Sie, wen ich da bringe, ein Mann, der nach den Schätzen der Vergangenheit gräbt.

Der Priester schaute Tomaschek nachdenklich an:

Nach Schätzen der Vergangenheit? Ein Goldgräber?

Tomascheks Augen wanderten von der Frau mit dem roten Lippenstift zu dem Priester in der schwarzen Soutane. In was für eine seltsame Gesellschaft war er da geraten?

Oh, ich sollte mich vorstellen, Holý, Pater Holý aus Prag. Ich bin wegen der Restaurierung der Kirche hier. Setzen Sie sich doch, Dr. Tomaschek, der Kaffee, den die Försterin macht, ist wirklich ausgezeichnet.

Sie kennen mich auch?

Hadrava hat uns von Ihnen erzählt.

Er war also hier.

Er ist oft hier.

Was hat er gefunden?

Nichts, das wissen Sie doch schon.

Nichts weiß ich. Letzte Nacht ...

... hatten Sie eine Höllenfahrt durch die Vergangenheit. Aber Sie haben keinen Trost gefunden, keinen Engel.

Sie können mir keine Grabschändung anhängen, Pater.

Wer wollte das, Herr Doktor, aber waren Sie nicht fest entschlossen, ein Grabschänder zu werden?

Und Hadrava ...

... ist auch kein Engel begegnet in der letzten Nacht. Als er heute Morgen hier auftauchte, hatte er keine Minute geschlafen.

Ich bin kein SS-Mann gewesen, der sich als Sanitäter verkleidet hat!

Wer behauptet das?

Dieser Förster da.

Grosser zuckte mit den Schultern und lächelte:

Ich habe Dr. Tomaschek nur eine Geschichte erzählt, eine von den vielen Geschichten des Kriegsendes.

Kennen Sie die Geschichte vom verlorenen Sohn, Herr Doktor?

Nein, sagte Tomaschek.

Natürlich kennen Sie sie. Jedes Kind hat davon in der Schule gehört. Aber kennen Sie auch die Geschichte vom verlorenen Vater?

Tomaschek schaute den Pater fragend an. Die Försterin stellte den Männern drei Tassen Kaffee auf den Tisch, Zucker und Milch.

Haben Sie nicht zwei Söhne?

Was hat das damit zu tun?

Mehr als Sie vielleicht denken, Herr Doktor, Sie sollten die Geschichte kennen. Sie wissen ja, der verlorene Sohn ist weggegangen und wieder zurückgekehrt. So steht es in der Bibel. Beim verlorenen Vater ist es genau umgekehrt: Die Söhne sind zuhause geblieben, der Vater ist fortgegangen. Verstehen Sie?

Nein, das verstehe ich nicht, sagte Tomaschek.

Er glaubte, nicht fortzugehen, sondern heimzugehen, er dachte, in seine alte Heimat zurückkehren zu können. In Wirklichkeit hat er seine Söhne verlassen und seine alte Heimat nicht gefunden, weil sie längst nicht mehr existierte.

Das hat nichts mit mir zu tun, sagte Tomaschek. Ich suche keine verlorene Heimat.

Wirklich nicht? Wer nach vergangenen Schätzen sucht ...

... will etwas Materielles finden.

Oder etwas Immaterielles, das sich dahinter verbirgt.

Glauben Sie, was Sie wollen, Pater.

Verstehen Sie nicht? Der verlorene Vater konnte nicht mehr zu seinen Söhnen zurückkehren.

Tomaschek schaute den Pater abweisend an:

Was erzählen Sie da?

Ich sage, dass er keine Versöhnung finden konnte, weil er sie dort gesucht hat, wo er sie nicht mehr bekommen konnte, und dort verweigert hat, wo er sie hätte haben können.

Wenn Sie meinen, dass es so ist, Pater, dann wird es wohl so sein.

Denken Sie darüber nach, Dr. Tomaschek. Wer glaubt, alte Schätze ausgraben zu können, ohne die Dämonen der Vergangenheit zu wecken, irrt sich. Die Dämonen lassen sich nicht verdrängen, und sie sind stärker, viel stärker, als man glaubt. Sie sind doch Arzt.

Was hat das damit zu tun?

Sie müssten es wissen, Herr Doktor.

Ich weiß nur, dass Sie mich hinhalten, rief Tomaschek, wo ist Hadrava?

Er ist weitergefahren, nach Budweis.

Nach Budweis, sagen Sie?

Natürlich, er erwartet Sie dort.

Das ist doch nicht wahr, rief Tomaschek, wo sollte er mich erwarten?

Der Förster lachte so laut auf, dass seine Frau erschrocken zusammenzuckte.

Auf dem Fußballplatz, Tomaschek, wo denn sonst!

Tomaschek sprang wütend auf und griff nach seinem Rucksack.

Das sagen Sie nur, um mich auf den Arm zu nehmen!

Aber nein, sagte der Pater, ich meine es gut mit Ihnen. Darf ich Sie zum Abschied segnen? Er machte ein Kreuzzeichen in die Luft.

Tomaschek drehte sich grußlos um und stapfte die Treppe hinunter.

An der Nase führen sie mich herum, alle drei.

Tomaschek lief und stolperte die Waldwege nach Heuraffel hinunter. Der Ärger über den Förster drehte sich wie ein Karussell in seinem Kopf, in seinem Magen, was für eine Frechheit, ihn der Grabschändung zu bezichtigen und als SS-Mann zu bezeichnen. Und der Pater mit seinem verlorenen Vater, so ein Unsinn. Aber die Geschichte hatte einen feinen Widerhaken ausgeworfen, der sich in seine Gedanken bohrte und einen Raum des Gewissens aufriss, von dem Tomaschek bislang nicht einmal wusste, dass er existierte. Es war ein Raum, in dem nichts stimmte, in dem alles in der Luft hing, Tische, Stühle und Schränke, als ob die Schwerkraft aufgehoben wäre, die Schwerkraft der Dinge, der Erinnerung und der Moral. Auf der Fähre nach Friedberg gerieten ihm die Dinge noch mehr durcheinander, der Goldbarren des Soldaten verwandelte sich in den Schädelknochen eines Rehs, den der Förster lachend in die Höhe hielt:

Ist es das, was Sie suchen, ist es das?

Vielleicht war das Grab in St. Thoma doch der falsche Ort, vielleicht hatte Hadrava nur deshalb davon gesprochen, damit Tomaschek hinaufging und dem Förster und dem Pater begegnete, womöglich steckten sie alle drei unter einer Decke. Sie waren doch die Grabschänder, nicht er! Aber Tomaschek war sich plötzlich nicht mehr sicher, etwas in ihm rumorte und verdichtete sich zu einem nagenden Zweifel. Was, wenn er Recht hatte, der Pater, die Dämonen der Vergangenheit, plötzlich sind sie da, bedrängen, bedrohen, und umarmen einen so fest, dass man keine Luft mehr bekommt.

Wer weiß, vielleicht warst auch Du einer der Revolutionäre, bevor Du ins Kloster gegangen bist, rief Tomaschek laut. Die Worte von deinem verlorenen Vater, die kannst du dir sparen! Sein Rucksack war auf einmal so schwer, dass er ihn abnehmen musste, der Fahrtwind fuhr ihm kalt ins Gesicht. Das Tuckern der Fähre legte sich auf seine Ohren, und der Kirchturm von Friedberg wuchs ihm so schnell entgegen, als ob er nicht auf dem Boden stehen, sondern am Himmel hängen würde. Seine Gedanken verengten sich immer mehr, wurden schwer und drückend, nach Budweis, Hadrava zur Rede stellen, das Fußballspiel, das war es, worauf es jetzt ankam, alles andere war unwichtig, das Gold, ja auch das Gold hatte keine Bedeutung mehr. In diesem Augenblick.

*

Zu seiner Enttäuschung war der letzte Bus nach Krumau gerade abgefahren. Ohne weiter zu überlegen, beschloss Tomaschek, zu Fuß zu gehen, die Strecke kannte er ja, war er schon mit seinen Wandervogelfreunden gegangen, lange bevor sie sich den Turnern angeschlossen hatten, die alte Kameradschaft, die stärker zusammenhielt als alle späteren Verbände, stärker selbst als die HJ, davon war er überzeugt. Eine farbige Markierung wies den Weg als Wanderweg aus, der Himmel war wolkenlos blau, die Hitze groß und drückend. Bald schon verwoben sich seine Gedanken mit der flirrenden Luft, führte der Weg an einem weiten Feld entlang, das Korn reif, goldgelb und braun, die Ähren hoch zur Sonne gestreckt, Windspuren, wie von einer Riesenhand in die Halme gedrückt, eine Geheimschrift, die niemand verstand. Nass und schwer klebte der Rucksack auf seinem Rücken, Tomaschek schwitzte vom Kopf bis zu den Füßen. Als ob er Gewichte an den Schuhen hätte, so schwer fiel ihm jeder Schritt. Und hatte die Wasserflasche nicht aufgefüllt, keine Verpflegung gekauft. Bald schon bereute er den Entschluss, zu Fuß zu gehen, aber er konnte nicht umkehren, wollte nicht mehr zurück.

Im nächsten Ort, in Kirchschlag, fand er ein Gasthaus mit einer Holzterrasse, auf der er etwas zu trinken bekam. Er hielt sich nicht lange auf, er wollte, er musste weiter, jetzt, da er schon kurz vor Lagau war, wo sich die Gräber seiner Großeltern befanden, der Ort, aus dem sein Vater stammte. Ein paar Mal hatten sie hier die Großeltern besucht, als er ein Kind war. Jetzt stand er auf dem kleinen Friedhof mit den vielen verrosteten Kreuzen und alten Steinen, verharrte vor dem Familiengrab, das weder gepflegt noch verwahrlost war, einfach nur verlassen, unendlich verlassen, auf dem Grabstein die Namen

Franz Tomaschek, geboren 1861, gestorben 1935
Elfriede Tomaschek, geboren 1870, gestorben 1942

In der dumpfen Hitze der späten Nachmittagssonne stand er vor dem Grab und empfand die Verlassenheit auf schmerzend intensive Weise, einen

Schmerz, der sich mit der heißen Luft vermischte, ihn einhüllte, in ihn eindrang, ihm den Atem nahm. Sein Vater hatte das Grab nach der Vertreibung nicht mehr gesehen, nicht mehr sehen wollen. Er aber empfand in diesem Augenblick eine familiäre Verbundenheit, wie er sie nie zuvor empfunden hatte. Das schlichte Grab, der Stein, die Inschrift erschütterten ihn. Auf einmal hatte er das Gefühl, die unendlich ferne Lebenswelt der Großeltern zu riechen, zu schmecken, zu spüren, die Welt seiner Eltern, seiner Kindheit, die längst gegenstandslos geworden war, Plunder, Asche, Staub.

Die meisten Häuser standen noch, die Kirche, die Straßen, die Hügelzüge. Die Stimmen seiner Mutter und seiner Großmutter klangen in seinen Ohren, von Lehrern und Freunden, von unsichtbaren Begleitern seines Lebens, Kundschaftern, Schutzengeln, Verführern, Betrügern, Quälgeistern. Wie sollte er sie auseinanderhalten, wie sich zurechtfinden, wenn die Tische an der Decke hingen und Stühle und Regale in der Luft schwebten, als ob sie kein Gewicht hätten?

Nach Budweis, sagte Tomaschek, die Dinge in Ordnung bringen. Er streifte sich den Rucksack über, spürte zwei Sekunden lang die unangenehme Feuchtigkeit des Hemdes auf dem Rücken und setzte seinen Weg fort.

*

Es begann zu dämmern, als er Krumau erreichte, die Mauer des Schlossparks, die zur Mantelbrücke führte, über die er in die Höfe gelangte, unter ihm die Dächer der Stadt, die in der Dämmerung zusammenrückten, seine Erinnerungen, die Purzelbäume schlugen. Hier hatte er an der Hand seines Großvaters in den Schlossgraben geschaut und die Bären gezählt. Hier hatte er im Schloss das Bild eines ängstlichen Jungen gesehen, der in einer Hand einen Falken hielt, während sich die andere bei seiner Mutter einhakte und die Finger der beiden ein Herz formten. Auf der Moldaubrücke nickte ihm der Heilige Nepomuk zu, als ob er auf ihn gewartet hätte, so wie der Pater auf St. Thoma, und forderte ihn auf, seine Sterne zu zählen.

Alle sind noch da, sagte Tomaschek, alle Jahre, alle. Er ging zum Hauptplatz hinauf und weiter zum Hotel Růže. Dort teilte ihm der Rezeptionist, ein alter, freundlicher Mann mit, dass sie ausgebucht seien, aber ein Gast noch nicht gekommen sei – wenn er bis zehn Uhr nicht eintreffe, könne er das Zimmer vergeben. Wenn Tomaschek sich gedulden wolle? Tomaschek wollte. Er suchte das nächste Gasthaus auf, in dem er zum ersten Mal an diesem Tag richtig aß, ein Gulasch mit Knödeln, ein Bier trank und noch ein Bier. Um zehn Uhr kehrte er in das Hotel zurück, erhielt den Zimmerschlüssel, stand minutenlang unter der warmen Dusche, legte sich ins Bett und schlief sofort ein.

Am nächsten Morgen frühstückte Tomaschek ausgiebig. Die Splitter der Gedanken und Erinnerungen hatten sich wieder zu einem festen Ganzen gefügt, Tische und Stühle standen fest auf dem Boden des Frühstücksraums, nur kam es ihm seltsam vor, dass ein älteres Paar, das einige Tische weiter saß, ihn verstohlen anschaute und miteinander tuschelte, ohne ihn anzusprechen oder ihr Verhalten einzustellen. Tomaschek kannte sie nicht, so wie er niemand in dem Raum kannte, in dem sich tschechische, deutsche, englische und italienische Stimmen mischten und die Kellner sichtlich bemüht waren, einen guten Eindruck zu machen. So wie sie sich diskret über die Tische beugten, nach der Zimmernummer und nach besonderen Wünschen fragten, hatten sie etwas von der verschwundenen Eleganz der Zwischenkriegszeit an sich, die wieder zum Vorschein kam.

Tomaschek gab ihnen reichlich Trinkgeld und machte sich mit seinem Rucksack auf den Weg zum Bahnhof, der oberhalb der Stadt an den Ausläufern des Schönigers lag. Nicht nur die Gedanken hatten sich wieder zu einem festen Gebilde gefügt, nun hatte er auch einen klaren Plan. Er würde mit dem Zug nach Budweis fahren, Hadrava zur Rede stellen, und dann noch einmal zurück in den Böhmerwald und von Neuofen nach Hirschbergen hinauf zum Schwemmkanaltunnel gehen.

Das Tuten des einfahrenden Zugs, der ihn mit seiner blassroten Farbe an die ausrangierte Isartalbahn bei München erinnerte, berührte ihn vertraut und verstärkte seine Zuversicht auf einen gelingenden Tag. Als der Triebwagen ruckelnd anfuhr, erblickte er auf einer der Sitzbänke das ältere Ehepaar, das ihn im Hotel angestarrt hatte und jetzt wieder anstarrte, als ob es ihn kennen, sich an etwas erinnern würde. Da erhielt der Spiegel seiner Zuversicht erneut einen Schlag und überzog sich mit einem Netz filigraner Sprünge, aus dem ihm das Gesicht von Lenka entgegenblickte, Lenka, mit der er in Goldenkron seine erste Liebesnacht erlebt hatte, die er schützen musste vor den Blicken dieses Ehepaares, vor dem Zugriff der deutschen SS-Leute und der tschechischen Partisanen, ihr zersprungenes Gesicht, das er wiederherstellen musste, ihr wunderbares, sommersprossiges Gesicht. Selbst Hadrava war jetzt ganz unwichtig, Budweis, das Fußballspiel, alles konnte warten, Tomaschek musste sich um Lenka kümmern, in Goldenkron, in Zlatá Koruna aussteigen und zu dem alten Zeltplatz an der Moldau hinuntergehen.

Tomaschek packte seinen Rucksack und stieg aus, hinter ihm schlossen sich die Türen, der Zug fuhr ab, am Fenster das ältere Paar, das zurückschaute, bis er es nicht mehr sehen konnte. Hier kannte er sich aus, hier war er schon als Jugendlicher gewandert, aber in seiner Erinnerung war der Bahnhof ganz nahe an den Ort und das Kloster gerückt. Jetzt war weit und breit kein Haus zu sehen, nur der Bahnhof mit seinem Wartesaal, in dem Blumen auf dem Tisch standen und Reproduktionen tschechischer Maler an den Wänden hingen.

Eine Straße führte über die Gleise und verlor sich zwischen den Bäumen. Tomaschek folgte ihr zögernd und schließlich erleichtert, als nach wenigen Minuten Häuser mit großen Gärten auftauchten. Dann neigte sich die Straße, die Häuser wichen zurück, und Tomaschek sah die vertrauten Giebel des Klosters und der Wirtschaftsgebäude. Nach einer Kehre erreichte er die Moldaubrücke, auf der er stehen blieb, so wie damals mit Lenka, den Zeltplatz und das Restaurant vor Augen, die aufgeschichteten Kanus auf einem Gestell. Am Ufer standen Leute mit Schwimmwesten und langen Paddeln. Am Ausschank des Restaurants holte er sich einen Apfelsaft, setzte sich mit der Flasche an den Rand der Wiese, stützte sein Gesicht in die Hände und schaute den Leuten zu, wie sie in ihre Kanus stiegen. Er schaute über die Zelte hinweg weit in die Vergangenheit hinein bis zu dem einen Zelt, das er mit Lenka aufgebaut hatte, damals im Sommer 1938.

*

Die ganze Woche spürte er dieses Ziehen und Kribbeln im Magen, nachdem sie ausgemacht hatten, den Zug nach Goldenkron zu nehmen, in einem Zelt zu übernachten und mit einem Paddelboot zurück nach Budweis zu fahren. Allein mit Lenka in einem Zelt. Die Vorstellung erregte und beunruhigte Tomaschek von Tag zu Tag mehr. Noch nie hatte er mit einem Mädchen geschlafen, noch nie war er der Erfüllung seiner Sehnsucht so nahegekommen. Wenn Ossi, der Apotheker oder Czerny von ihren Erfahrungen berichteten, beneidete er sie nicht nur darum, sondern auch um die Beiläufigkeit, mit der sie von diesen erzählten, als ob es für sie ganz alltäglich und selbstverständlich sei. Mochten sie auch mit ihren Leistungen prahlen, allzu weit war er davon entfernt, um sie nicht insgeheim zu beneiden, schockiert und auch fasziniert, wie direkt sie sich ausdrückten, wie geläufig sie Frauen auf ihr Geschlecht reduzierten, während Lenka doch ganz anders war. Natürlich ein Mädchen, eine Frau, die um ihre Reize wusste, und den Jungen die Köpfe verdrehte, oft genug hatte er das erlebt, nicht nur am Handl-Ball. Wie oft dachte er vor dem Einschlafen an sie, stellte er sich vor, mit ihr zu schlafen, aber je näher er ihr wirklich kam, umso befangener wurde er, umso schwieriger erschien ihm die Umsetzung seines Verlangens, fern jeglicher Selbstverständlichkeit. Die Aura der Lieblichkeit, die Lenka umgab, wie sie den Kopf hielt, die Haare zurückstrich, die Hände beim Sprechen bewegte, wie schelmisch sie blicken und wie herzhaft sie lachen konnte, so laut, dass ihre Sommersprossen von Wange zu Wange sprangen, das machte ihn weich und verlegen. Unvorstellbar, diese Aura zu verletzen mit dem plumpen Wunsch, sie sexuell zu erobern! Und doch hatte er keinen größeren Wunsch und zugleich nicht die geringste Ahnung, wie er seine Befangenheit überwinden könnte. So mischte sich die Vorfreude mit der Angst, stieg seine Nervosität von Tag zu Tag, während Lenka ganz entspannt und zuversichtlich zu sein schien.

Wie enttäuscht er war, als es in Goldenkron zu regnen begann, kaum dass sie das Zelt aufgebaut hatten. Lenka dagegen schien der Regen nicht das Geringste auszumachen. Im Gegenteil.

Hörst du die Tropfen? Wie schön, sagte sie.

Wie schön ihr Gesicht im Dämmerlicht des Zeltes schimmerte, das durch den Regen noch dunkler geworden war.

Komm, sagte sie, rückte die Rucksäcke zur Seite und breitete die Decken aus.

Dann saßen sie voreinander, er lachte verlegen und schaute sie an, unfähig, etwas zu tun.

Was ist? fragte sie, magst du nicht?

Doch, sagte er, ich weiß nur nicht …

Da knüpfte sie ihm das Hemd auf und legte ihre warme Hand auf seine nackte Brust, ein Wärmestoß, der durch seinen ganzen Körper fuhr.

Komm, sagte sie noch einmal und führte seine Hände, die ungeschickt an ihr herumnestelten, unter ihre Bluse.

Zum ersten Mal berührte er eine Frau, spürte er die weiche Haut ihrer Brüste. Was für ein unglaubliches Gefühl. Langsam zogen sie sich aus, die Hemden, die Hosen, die Unterwäsche, bis sie nackt nebeneinanderlagen und ihre Körper aneinanderdrückten.

Wie erfahren sie war, wie liebevoll, und er, wie ungeschickt, wie verliebt, dieser warme Frauenkörper, dieser wunderbare Geruch. Je länger sie sich streichelten, umso mehr verlor sich seine Befangenheit. Ein schwebendes Gefühl der Nähe und der Leichtigkeit erfasste ihn, als ob sie nur noch eine gemeinsame Haut hätten, die sie umfangen hielt, das Dämmerlicht des Zeltes, das Rauschen des Regens, die Erregung ihrer Körper, eine dreifache Haut, und Tomaschek verlor jedes Gefühl für die Zeit.

Später, als diese erste Liebesnacht Monate zurücklag, als er Lenka verloren hatte, an einen tschechischen Sokolführer, an einen deutschen SS-Mann, fragte er sich, ob er sich nicht getäuscht, ob sie mit ihm womöglich nur gespielt hatte. Vielleicht hatte er sie nur gerührt, als sie herausgefunden hatte, dass er der Rosenkavalier war, der ihr im letzten Monat vor den Schulferien Morgen für Morgen in aller Früh eine Rose vor die Haustüre gelegt hatte, so lange, bis tschechische Jungen davon Wind bekommen hatten, ihm auflauerten, ihn verprügelten und unmissverständlich zu verstehen gaben, sich nie mehr an einem tschechischen Mädchen zu vergreifen. Vielleicht hatte sie das gerührt, ein Ritter von der traurigen Gestalt, wie romantisch und wie lächerlich. Hadrava hatte nie ein Wort darüber verloren, obwohl er im Nachbarhaus wohnte.

Aber später, als Lenka mit Friedrich Stallbaum ging, da meinte er einmal, er hätte besser auf sie aufpassen müssen. Aber was hätte er tun sollen, wenn Lenka ihm und Jan nur noch ein spöttisches Lächeln schenkte, geschmeichelt von der Aufmerksamkeit des SS-Mannes, der sie zuletzt wie eine heiße Kartoffel fallen ließ und sich aus dem Staub machte? Lenka blieb gedemütigt zurück und bekam den Zorn ihrer tschechischen Landsleute zu spüren, die sie schlugen und bespuckten und ihre Haare so brutal kurzschnitten, dass ihre Kopfhaut voller blutiger Schrammen war. Niemand wollte ihr verzeihen, dass sie noch wenige Wochen zuvor mit einem dicken Pelzmantel über den Ringplatz getrippelt und grußlos an ihren alten Freundinnen vorbeigegangen war, die nicht das große Los gezogen hatten, einen SS-Mann zum Freund zu haben ...

Ach Lenka, warum warst Du nur so dumm, warum hast du dich blenden lassen von einem Pelzmantel, von ein paar Ketten und Ohrringen? Wie konntest du unsere erste gemeinsame Nacht so schnell vergessen, selbst wenn sie für dich nicht die erste war, nur eine Perle in einer langen Reihe von Perlen? Aber diese eine war doch eine ganz Besondere, sie muss doch auch dir etwas bedeutet haben, kann doch nicht aus deinem Gedächtnis verschwunden sein, so lange du gelebt hast! So lange sie lebte ...

Tomaschek saß am Rand der Wiese. Längst waren die Paddelbootfahrer losgefahren und hinter der Biegung der Moldau verschwunden, längst hatten die nächsten ihre Boote bestiegen und viele weitere. Immer noch hatte er den Kopf in die Hände gestützt, keinen Schluck getrunken, ganz aus der Zeit gefallen. Jetzt ließ er die Flasche einfach stehen und machte sich auf den Weg, auf die Suche nach der roten Markierung, die er oben über dem Kloster fand, die ihn auf einem schmalen Weg am Steilufer hoch über der Moldau zwischen die Bäume führte. Mit jedem Schritt verdüsterten sich seine Gedanken, wie konnte das alles nur passieren, er liebte sie doch, hatte sie geliebt, und sie hatte etwas für ihn empfunden. Oder sollte es nur eine Spielerei gewesen sein, die Erinnerung für ihn nur deshalb so stark, weil sie die erste war, das erste Mädchen, die erste Frau, mit der er geschlafen hatte?

Tomaschek wanderte in den Abend hinein, der Weg ganz anders als in seiner Erinnerung. Bald schon ging er direkt am Ufer entlang, die Stimmen von Kanufahrern im Ohr, die in einer Gruppe an ihm vorbeizogen. Dann führte der Weg auf eine Hochebene hinauf, dann ging es über Steinstufen wieder zur Moldau hinunter. Hinter der Burgruine Maidestein, Dívčí Kámen, auf der er als Junge mit seinen Freunden herumgeklettert war, wurde der Pfad schlammig und feucht. Prompt rutschte er aus und konnte sich gerade noch fangen, gleich darauf trat er in eine Pfütze, die so tief war, dass das Wasser in seine Schuhe lief. Immer stärker schnitten die Träger des Rucksacks in seine Schultern, immer heftiger schmerzten die Oberschenkel. Nur gleichmäßig gehen, sagte er sich, langsam und gleichmäßig, dass die Muskeln nicht kalt werden, dass sie nicht plötzlich nachgeben. Immer wieder strauchelte er, immer stärker der Durst, immer schwerer und langsamer die Schritte. In seinen Gedanken verhärtete sich die Enttäuschung über Lenka und über Hadrava, verschmolzen beide zu einer Person, zu einem Gesicht, das vor ihm auf dem Weg schwebte, sich in der zunehmenden Dunkelheit vergrößerte und zwischen den Blättern auflöste.

Nein, so einfach lasse ich mich von euch nicht abspeisen, sagte er unvermutet, ich komme zurück, davon lasse ich mich nicht abhalten, könnt ihr mich gar nicht abhalten, und dann werden wir ja sehen, wer besser Fußballspielen kann, und wer die schöneren Rosen bringt, die tschechischen Sokoljungen oder die Stallbaumbrüder ... Du bist einmal mein Freund gewesen, Honza, ein guter, ein sehr guter sogar, irgendwann einmal, und du Lenka, ja du warst meine Geliebte, meine erste, meine einzige ... Ein stechender Schmerz fuhr durch sein linkes Bein, er sackte in die Knie und konnte sich nicht mehr aufrichten, eine Minute, zwei Minuten blieb er auf der Erde knien, dann versuchte er es noch einmal, konnte wieder stehen, vorsichtig weitergehen, Schritt für Schritt, aber da war kein Weg, er war vom Weg abgekommen, tappte zwischen den Bäumen weiter, der Boden ganz dunkel, nur über den Kronen der hellere Himmel, an dem er sich orientierte, bis er die Lichter von Häusern erblickte, die sich verdichteten, bis er auf eine Straße kam, die in einen Ort, die nach Bareschau, nach Boršov hineinführte.

Jetzt wusste er wieder, wo er war, er überquerte die Moldau auf einer Brücke und ging auf einem Weg neben den Bahngleisen weiter. Auf beiden Seiten Felder, die sich in der Dunkelheit verloren, eine Allee, aus der die Scheinwerfer von Autos wuchsen, das musste schon kurz vor Budweis sein, das Weichbild der Stadt, seiner Geburtsstadt. Eine endlos lange Straße, die nur die Linzer Straße sein konnte, führte in die Stadt hinein. Humpelnd und vorsichtig auftretend folgte er ihr mechanisch, Schritt für Schritt, Kreuzung über Kreuzung, bis er ihr Straßenschild entdeckte: *Lidická třída*, die Erinnerung an den Krieg, an die Verbrechen der Nationalsozialisten.

Lidická, murmelte Tomaschek, *Lidická*, als ob es ein Zauberspruch wäre, ein Mantra, *Lidická*, Linzer, Linzerstraße, Linzer ...

Schließlich erkannte er die Häuser, das war die Linzer Vorstadt! Jetzt musste er nur noch links abbiegen, um zum Krankenhaus zu kommen, in dem er in den letzten Kriegstagen gearbeitet hatte, zur Nepomuk-Kirche, wo sich Lenka versteckt hatte, bevor sie zusammen geflohen waren, wenige Tage nach Kriegsende, mit einem Sanitätswagen, ihre Hoffnung, dem Mob zu entkommen.

Vor Tomascheks Augen verschwammen die tschechischen Straßennamen, verwandelten sich in die deutschen Namen, Böhmerwaldgasse, Gabelsberger, Goldenkronerplatz, ja, hier kannte er sich aus, links das Krankenhaus und geradeaus die Nepomuk-Kirche! Er erkannte ihre Umrisse gegen den nächtlichen Himmel, sah er den Sanitätswagen, der hinter der Kirche mit laufendem Motor wartete. Was für ein Wahnsinn, den Motor laufen zu lassen, das musste die tschechischen Straßenrevolutionäre ja geradezu aufmerksam machen, aber sie hatten Papiere, Passierscheine, einen Auftrag zu erfüllen, da konnte nichts schiefgehen, durfte einfach nichts passieren. Tomaschek entdeckte die Holzbänke vor dem Portal der Kirche, ließ sich auf eine der Bänke sinken. Dann streifte er den Rucksack von den wundgeriebenen Schultern und sah auf einmal alles so klar vor Augen, wie es seit damals nicht in seinem Gedächtnis zum Vorschein gekommen war, so klar, als ob er durch ein Fernrohr in die Vergangenheit schauen und alle Ereignisse, jeden Tag, jede Stunde erschreckend nahe heranholen könnte.

*

Du musst weg, Karli, hatten seine Eltern gesagt, schau, dass du zu den Amerikanern kommst. Jetzt herrschen die niedrigsten Instinkte in der Stadt, zweimal schon waren junge Burschen hier, bewaffnet und betrunken, sie verschaffen sich überall Zutritt, schlagen, stehlen und zerstören. Sie wollen jetzt die Herren sein, aber benehmen sich wie die primitivsten Knechte. Wer eine deutsche Uniform trägt, ist seines Lebens nicht mehr sicher, Du musst weg, Karli, hörst du, schau dass du nach Bayern kommst, dort bist du gerettet. Was für ein Glück, dass Du ein Sanitäter und nicht bei der SS bist.

Ja, das Rote Kreuz hatte ihn schon ein paar Mal gerettet! Und es sollte ihn noch einmal retten, seit er eingeteilt wurde, im Sanitätswagen nach Wallern mitzufahren, zu den Amerikanern, die dort im Lazarett überlebende KZ-Häftlinge eines Todesmarsches betreuten und Medikamente benötigten. Da war nur die Sache mit dem russischen Fahrer, er musste es irgendwie bewerkstelligen, ohne ihn zu fahren. Als Tomaschek herausfand, dass der Fahrer eine Freundin in Budweis hatte, lag die Lösung auf der Hand. Zwei Flaschen Becherbitter besiegelten die Verschwiegenheit, die erste für den Fahrbefehl, die zweite für die Fahrzeugschlüssel, so konnte Tomaschek alleine losfahren.

Längst hatte er Lenka ausfindig gemacht, die jetzt niedrigste Dienste verrichten musste. Boden schrubben, Latrinen reinigen, hin- und herkommandiert mit

Eimer und Putzlappen, weil sie mit einem Deutschen gegangen war, so hatte er sie im Krankenhaus entdeckt, mit blutig geschorenem Kopf.

Lenka!

Sie zuckte zusammen.

Kennst Du mich nicht mehr?

Sie schaute ihn misstrauisch an.

Karli?

Was haben sie mit dir gemacht?

Sie zuckte mit den Achseln.

Lenko, du musst weg von hier.

Sie schüttelte den Kopf. Sie lassen mich nicht weg.

Komm mit mir, zu den Amerikanern.

Lenka lachte.

Wie stellst du dir das vor? Zu Fuß?

Mit einem Sanitätswagen! Ich nehm dich mit.

So waren sie ins Gespräch gekommen, hatten sich heimlich getroffen und schließlich verabredet, als der Transport anstand. So viel Hoffnung plötzlich in den Gedanken, ein Licht am Ende der Ausweglosigkeit. Lenka sollte sich in der Sakristei der Nepomukkirche verstecken, ganz in der Nähe vom Krankenhaus. Der deutsche Pfarrer, den Tomaschek kannte, hatte versprochen, die Tür in dieser Nacht unversperrt zu lassen.

Es war noch dunkel, als Tomaschek vor der Kirche hielt. Er ließ den Motor laufen, klopfte an die Tür der Sakristei, Lenka huschte mit ihrem Rucksack heraus.

Er gab ihr eine weiße Haube und eine Armbinde mit einem Roten Kreuz.

Zieh das an, das hab ich besorgt.

An der Stadtgrenze wurden sie von einer Straßensperre angehalten. Russische Soldaten, die übernächtigt in den Führerstand leuchteten, Lenka mit der Rotkreuzbinde und schließlich den Fahrbefehl musterten.

Volary?

Volary, nickte Tomaschek.

Davaj!

Während sie weiterfuhren, erhellte sich die Landschaft, Bäume und Hügelzüge lösten sich aus der Dunkelheit und nahmen Konturen an. An den Straßenrändern wurden die seltsamsten Gegenstände sichtbar, Leiterwägen und Fahrräder mit verbeulten Reifen, zerbrochene Wagenräder, Uniformjacken, Tornister, Rucksäcke und Koffer, die Soldaten und Flüchtlinge liegengelassen hatten. In einigen Häusern schimmerten Lichter, andere blieben grau und dunkel. Außer ihnen war niemand unterwegs. Wieder wurden sie angehalten. Dieses Mal waren es tschechische Männer, teils in Uniform, teils in Zivil, die aggressiv an die Scheibe klopften und wissen wollten, was der Wagen transportierte. Tomaschek hielt ihnen wortlos den Fahrbefehl hin, Lenka rettete die Situation, indem sie tschechisch vom Budweiser Krankenhaus und dem Fahrauftrag berichtete.

Do Volar? K Američanům?

Tomaschek nickte, sie durften weiterfahren.

In Oberplan wurden sie zum dritten Mal angehalten, von einer amerikanischen Straßensperre. Die Soldaten wussten Bescheid.

To Volary, fragten sie nur.

Yes, sagte Tomaschek, *to Volary*.

In Salnau bogen sie von der Straße nach Wallern ab.

Jetzt darf uns niemand mehr erwischen. Wir fahren so weit wir können, sagte Tomaschek, dann lassen wir das Auto stehen. Am Ortsrand von Neuofen bog er auf die Straße nach Hirschbergen ein, überquerte die Bahntrasse und hielt den Wagen in einem Waldweg, der von der Straße abzweigte.

Da wird ihn niemand sofort sehen. Und wenn die Leute vom Frühstück aufstehen, sind wir schon auf der anderen Seite. Sie nahmen ihre Rucksäcke und marschierten los.

*

Jetzt nur noch zur Hütte am See und dann den Jägersteig zum Obelisken hinauf, den kannten die amerikanischen Soldaten nicht, und wo die einheimischen Jäger und Waldarbeiter steckten, das wusste keiner. Lenka war schwach und rutschte immer wieder auf den großen Steinen aus, nur jetzt keinen Fuß verstauchen, langsam gehen, schau, wo du hintrittst. Tomaschek schwitzte in der Sanitätsuniform, aber er wollte sie nicht ausziehen, das Rote Kreuz hatte ihn schon einmal gerettet. Gleich musste die kleine Lichtung kommen, auf der sich der Weg teilte, geradewegs durch den Wald zum Plöckenstein hinauf und rechts zum See. Vielleicht könnten sie sich auf den Steinblöcken, die dort lagen, kurz niederlassen und ein paar Minuten durchatmen. Lenka würde das vor allem brauchen. Aber es war schon viel zu hell, sie mussten aufpassen, durften jetzt nicht leichtsinnig werden.

Da war sie, die Lichtung, „Unter dem Steinernen Meer" stand auf einem Schild. Tomaschek spähte nach allen Richtungen. Waren sie nicht viel zu laut gewesen, hatten sie nicht laut miteinander gesprochen? Nein, niemand zu sehen, dann schnell hinüber und weiter. Tomaschek gab Lenka die Hand und zog sie hinter sich her.

Halt, rief plötzlich eine tschechische Stimme. Wie erstarrt blieben beide stehen. Das Blut pochte Tomaschek in den Schläfen, mit aufgerissenen Augen starrte er auf die Gestalten, die aus den Bäumen auf die Lichtung traten. Einer hatte eine deutsche Uniformjacke an und eine Soldatenmütze. Der zweite hatte ein rotes Band um den Kopf gewickelt, das seinen Haarschopf kaum bändigte, und eine Maschinenpistole in den Händen. Der dritte trug einen braunen Sonnenhut, sein Oberkörper war nackt, vom Hals hingen die Spitzen eines roten Tuches herunter. In der einen Hand hielt er eine Pistole, die andere hatte er zur Faust geballt. Der vierte, aber den kannte Tomaschek ja, das war ja, das war Hadrava, der ihn finster anstarrte, auch er trug eine Pistole und hatte sich einen Patronengurt quer über die Brust gebunden. Alle vier hatten unrasierte Wangen und waren ganz offensichtlich alkoholisiert. Der fünfte, der auf die Lichtung trat und hinter den anderen stehen blieb, trug eine grüne Jägeruniform, am Revers die Embleme von Hammer und Sichel. Er hatte als einziger glattrasierte Wangen und schien nicht getrunken zu haben.

Wen haben wir denn da, sagte der Mann mit dem nackten Oberkörper, einen SS-Mann, der mit seinem Liebchen abhauen will!

Ich bin kein SS-Mann, ich bin Arzt, sagte Tomaschek mit zitternder Stimme.

Halt die Schnauze, brüllte der Tscheche und rammte ihm die Pistole in den Bauch, hab ich dich gefragt? Also kein SS-Mann, unser Freund, dann wollen wir mal sehen, was er da über die Grenze schmuggeln will.

Die Leute zerrten Tomaschek, der noch ganz benommen von dem Stoß war, den Rucksack vom Rücken und rissen ihn auf.

Was haben wir denn da: eine Büchse Erbsen. Na da werdet ihr lange keinen Hunger haben.

Unter dem Gelächter seiner Kameraden warf er die Büchse fort.

Und hier, ein Laib Brot, der wird auch nicht mehr lange reichen. Er brach sich ein Stück ab und reichte das Brot weiter. Dabei begegneten sich die Blicke von Tomaschek und Hadrava. Der hatte ihn erkannt, das merkte Tomaschek sofort, aber er sah auch, wie Jan den Kopf schüttelte und nach dem Mann mit dem nackten Oberkörper blickte. Der war der gefährlichste von ihnen.

Und da, ein Buch, der Mann blätterte darin, ein Gebetsbuch, ein deutsches Gebetsbuch, er bekreuzigte sich, bist du vielleicht ein Pfaff, der mir sagen will, welche Sünden ich hab? Oh wir armen Sünder wir, lieber Gott, mach mich fromm, dass ich in den Himmel komm. Wieder bekreuzigte er sich, und die anderen bis auf Hadrava bekreuzigten sich auch.

Und was kommt jetzt? Ein Pullover, der ist doch was für Tonda. Und da, ah, hab ich's mir doch gedacht, ein Dolch, ein SS-Dolch. Er zog ein Messer aus dem Rucksack und hielt es in die Höhe. Und du willst kein SS-Mann sein?

Ich bin Arzt, sagte Tomaschek.

So, ein Arzt, und was ist das für ein Zeichen auf dem Dolch. Ist das vielleicht kein Hakenkreuz?

Ja, ein Hakenkreuz.

Na bitte, er gibt es zu.

Ein Dolch, wie man ihn überall kaufen kann.

Ein SS-Dolch ist das, und weißt du, was wir jetzt mit dem Dolch machen?

Lass es gut sein, Holub, sagte da Hadrava, ich kenn den Mann, er ist wirklich kein SS-Mann.

Du kennst den Typen?

Ja, aus Budweis.

Und die Frau kennst du auch?

Nein, die kenn ich nicht, log Hadrava.

Dann wollen wir sie uns doch mal näher anschauen. Holub zog Lenka das Tuch vom Kopf und stieß einen lauten Pfiff aus, als er ihren kahlrasierten Schädel sah.

Das gibt's ja nicht, eine von uns, eine Tschechin, die es mit den Deutschen getrieben hat, ein Flittchen, eine Hure, und jetzt hat sie immer noch nicht genug und will sich mit ihm aus dem Staub machen. Er haute ihr links und rechts eine runter. Er ist wohl besser als die tschechischen Männer, bringt's dir wohl besser?

Holub lachte höhnisch und schüttelte Tomaschek an beiden Schultern.

Dann zeig uns mal, wie gut du bist, lass uns sehen, was du kannst!

Tomaschek starrte ihn fassungslos an.

Na wird's bald?

Aber das geht doch nicht, stammelte Tomaschek.

Und ob das geht und wie das geht. Oder hast du sie etwa noch gar nicht gevögelt?

Nein, das kann ich wirklich nicht.

Das werden wir schon sehen. Kommt Leute, die Frau ist noch nicht ganz bereit.

Holub und zwei andere warfen Lenka auf den Boden und rissen ihr den Rock vom Leib.

Jetzt zeig uns, was du kannst.

Tomaschek rührte sich nicht. Da packten sie ihn, schleppten ihn vor Lenka und drückten ihn auf die Knie.

Nein, nein, Tomaschek schüttelte den Kopf, das geht nicht, ich kann nicht.

Kann necht, kann necht, immer faselt er deutsch, der Angsthase, sprich tschechisch, du Schwein!

Nemůžu, nemůžu, stöhnte Tomaschek.

Du kannst nicht, das hab ich mir gleich gedacht, höhnte Holub. Schlappschwanz, Niete, Versager, jetzt zeigen wir dir mal, wie man eine Frau vögelt, Tondo, du fängst an.

Lachend schob Tonda Tomaschek zur Seite, ließ seine Hose herunter und drückte Lenka die Beine auseinander. In diesem Augenblick stieg Tomaschek das Blut zum Kopf, alle Vorsicht vergessend, den letzten Strohhalm Hoffnung fallen lassend, bäumte er sich auf. Doch bevor er Tonda die Faust ins Gesicht schlagen konnte, erhielt er einen so heftigen Schlag auf den Kopf, dass sich alles um ihn drehte. Im Hinfallen nahm er wahr, dass niemand anderer als Hadrava ihn so brutal niedergeschlagen hatte. Dann schwanden ihm für einen kurzen Augenblick die Sinne, dann wachte er halb auf, hörte wie aus weiter Ferne Holubs Stimme:

Jetzt ich!

Dann drehte sich wieder alles und er hörte, wie Holub rief:

Und jetzt du, Honzo, komm schon, die Braut wartet auf dich! Er will nicht, habt ihr das gehört. Du kannst wohl nicht, bist wohl genauso ein Schlappschwanz wie der Deutsche da? Dann brauchen wir die Hure auch nicht mehr.

Ein Schuss knallte, unmittelbar darauf ein zweiter.

Bist du wahnsinnig, Honzo? rief jemand. In der Ferne knatterte eine Maschinenpistole.

SS, nichts wie weg, rief der Förster.

Und Holub?

Mitnehmen!

Und die Frau?

Liegen lassen!

Und der Arzt?

Schnell, schnell, weg von hier!

Tomaschek versuchte, sich aufzustützen.

Taumelnd stand er auf, sackte auf die Knie und musste sich erbrechen. Vor den Steinblöcken lag Lenka, halb nackt ihr Körper, unter ihrem Kopf eine große Blutlache.

Mein Gott, Lenko, Lenko, erschüttert kroch Tomaschek zu der toten Freundin und sank an ihren Hals. Aber er konnte nicht weinen, keine einzige Träne, alles war erstarrt in ihm, ein riesiger Stein in seiner Brust. Wieder knatterte das Maschinengewehr.

Du musst weg, weg, murmelte Tomaschek. Wenn ihn versprengte Soldaten oder gar SS-Leute fanden, die den Krieg nicht aufgeben wollten, würden sie ihn kaum anders behandeln als die Tschechen. Er strich Lenka über den Kopf, schloss ihre Augen zu und schaute sich um. Da lag sein Rucksack, das Gebetsbuch, er packte es ein und kroch durch die Blaubeerbüsche in das Fichtendickicht.

Minutenlang lag er unter den Zweigen und lauschte, wieder hörte er das Maschinengewehr, Rufe, die näherkamen und sich entfernten. Dann war es still. Dann kroch er tiefer in den Wald, bis er eine Mulde fand, in der er sich versteckte. Zitternd überstand er die nächsten Minuten, sein Atem so laut, dass er weithin zu hören sein musste. Immer wieder hielt er ihn an und lauschte, ununterscheidbar das Dröhnen in seinem Kopf, die Geräusche aus dem Wald, knackende Äste, Schritte, Stimmen, das Echo seiner Angst. So verbrachte er den Tag, immer wieder wegdämmernd, immer wieder aufschreckend, doch niemand, der näher kam, der ihn zu suchen schien.

Als es zu dämmern begann, richtete er sich vorsichtig auf und machte ein paar Schritte. Mit stechenden Schmerzen im Kopf taumelte er weiter, unter den Bäumen, immer wieder anhaltend und lauschend, die Geräusche sortierend, die aus der Ferne kamen, Rufe, Gelächter, Schüsse. Schließlich erkannte er die Umrisse der Schutzhütte am See, schattenhafte Gestalten, die rauchend und trinkend vor der Hütte standen, tschechische Stimmen, wo waren nur die Amerikaner, wo der Wirt. In einem weiten Bogen schlich sich Tomaschek um die Hütte, den Pfad zum Obelisken hinauf. Erschöpft und keuchend stand er vor dem Denkmal, über dem sich wie zum Hohn der Sternenhimmel entfaltete, die Sterne so klar und hell, wie er sie selten gesehen hatte. Ängstlich schaute und hörte er sich um, niemand zu sehen, nur kalt wurde es ihm, fröstelnd kalt, je mehr die Anspannung nachließ, umso mehr fror und zitterte er. Nur jetzt nicht aufgeben, der Plöckenstein, der Kammweg zum Dreiländereck, die schimmernden Schneereste, der Schmugglerpfad hinunter auf die bayerische Seite, der Waldrand, die dunklen Umrisse des Rosenbergergutes, auf das er zustolperte, bis ihn ein greller Lichtstrahl erfasste und ein scharfer Zuruf stoppte. Nur keine Russen, keine Russen, dachte Tomaschek und sank auf die Knie.

Who's that? rief eine Stimme. *One of the boys?*

No, an aidman, antwortete eine andere.

Is he armed?

Wounded.

Amerikaner, flüsterte Tomaschek, Gott sei Dank, Amerikaner.

Endspiel in Budweis

Als Tomaschek aufschreckte, war es stockdunkel. Vor seinen Augen flimmerten die Gestalten der amerikanischen Soldaten, von Lenka, Holub und Hadrava, dem Förster und dem Pater, wie in einem Spiegel, der von Sprüngen durchzogen war. Lange schmale Splitter mit scharfen Kanten, die schmerzhaft in sein Gedächtnis schnitten, alle Gesichter verzerrt und zerteilt, so dass er sie kaum wiedererkannte.

Dann klärte sich sein Blick, sah er den Weg von Goldenkron nach Budweis, die Moldau, die Feldwege und Straßen, die endlos lange Straße nach Budweis hinein, die Linzer, die *Lidická*, die schmerzenden Füße, der quälende Durst, die furchtbaren Erinnerungen, das war doch seine Stadt, längst nicht mehr seine Stadt, die alten Häuser, die neuen Fassaden, 40 Jahre Kommunismus, der Gedanke schoss wie ein höhnischer Pfeil durch seinen Kopf, ein Gedanke, über den er nicht mehr lachen konnte, so groß war seine Erschöpfung, nur ein grimmiges Lächeln, ein Zucken seiner Mundwinkel.

Wie spät war es? Schon zwölf, zwölf Uhr? Mein Gott, da sollte das Spiel beginnen, er musste sich beeilen, durfte auf keinen Fall zu spät kommen, sie warteten doch, auf diesen Tag hatten sie gewartet, hatten ihn herbeigezählt, herbeigeflüstert unter dem Siegel der Verschwiegenheit, niemand sollte davon wissen, niemand von dem heimlichen Spiel, von der großen Revanche. Die Vereine wollten ja nicht, hatten alles verzögert, verschleppt, jetzt würden sie es ihnen zeigen. Nur die Straße entlang musste er laufen, zum Baumgarten hinüber, auf der anderen Seite der Moldau, wo seine Freunde warteten zum Fußballspiel gegen die tschechische Jugend, in der Hadrava spielte.

Dieses Mal lassen wir uns nicht hereinlegen, jeder muss seinen Ausweis vorlegen, dieses Mal werden wir gewinnen! Nur weiter, die Straße, die Gerstnergasse, die Brücke über die Maltsch, die Bischofsgasse, da ist schon das Rathaus mit den Wasserspeiern, aber halt, links muss er sich halten, links liegt der Baumgarten, der Schiedsrichter hat schon angepfiffen, der Schiri, der Lichtenecker. Wie sich da die Wasserspeier in die Gesichter der tschechischen Spieler verwandeln, ihre giftigen Zungen und Hälse, schon rennt er über das Feld und spielt sie alle aus, Tomaschek, der Goldjunge mit dem Fußball, nur einer, der so gut ist wie er, vielleicht sogar noch besser, nein, nicht besser, Hadrava von der tschechischen Mannschaft, der ihm den Ball abnimmt, den er sich gleich wieder holt. Streng dich nur an Honza, dieses Mal gewinnen wir, keine falschen Spieler wie 33 in Prag, keiner, der älter als 14 ist, da passen wir auf, dieses Mal ist niemand da, der euren Schwindel deckt! Jetzt hat Honza wieder den Ball, verdammt, Tomaschek holt ihn sich zurück, so geht das hin und her, das ist Fußball, Leute, echter, eleganter Fußball! Da staunt ihr was, habt ihr schon immer gestaunt, ja, schreit nur, schreit, so laut ihr könnt, was heißt da härter rangehen, soll ich ihn vielleicht faulen? Kommt nicht in Frage, Hadrava wird nicht gefault, der ist doch mein Freund, das solltet ihr endlich kapiert haben. Einen Freund fault man nicht, versteht ihr, das dürfte doch klar sein, auch den Turnern und HJ-lern klar sein, da braucht ihr gar nicht so laut zu schreien! Das macht man nicht, das schaffen wir auch so. Was heißt da zimperlich? Sei nicht so zimperlich, tritt ihm in die Hacken, Tomaschek! Was soll denn das, spielt euch lieber mal frei, lauft ein bisschen! Wo seid ihr denn mit eurer großen Klappe? Immer länger strecken die Wasserspeier ihre Hälse, immer hässlicher reißen sie ihre Mäuler auf, seine deutschen Freunde, die HJ-Köpfe von Ossi, von Czerny und Stallbaum, die Gift und Galle auf den Platz herunterspritzen, das kennt er schon, braucht er nicht, sollen erst mal so gut spielen wie er. Tomaschek läuft und trippelt, hochrot ist sein Kopf, so rot wie eine Tomate, aber das macht nichts, das spürt er nicht. Er trippelt nach links und nach rechts, auf die Biene zu, das Eckhaus mit der Honigbiene, vor dem Lenka steht, Lenka Pokorná, und winkt. Was machst du denn da, Lenka, lauf weg, Lenko, lauf, weißt du nicht, dass sie es auf dich abgesehen haben, die Wasserspeier mit den hässlichen Hälsen, die so lang sind, dass sie über den halben Platz ragen, die ihre Mäuler so gierig aufgerissen haben, die Budweiser Revolutionsgardisten, Láďa, Tonda und Holub, der schlimmste von allen. Wie da die Zuschauer johlen und lärmen, wir sind doch nicht auf dem Ringplatz, wir sind auf der Wiese im Baumgarten, wieso sind überhaupt so viele gekommen, das Spiel sollte doch geheim sein, geheim, versteht ihr, wollten wir doch ganz unter uns ausmachen, die deutschen und die tschechischen Jugendspieler, das ist doch streng geheim, Ehrensache, woher wissen das die Leute denn? Nur jetzt nicht zu viel nachdenken, auf das Spiel konzentrieren, auf das Spiel kommt es an, diesmal gewinnen wir, müssen wir gewinnen. Tomaschek trippelt einen letzten Verteidiger aus und schießt auf das tschechische Tor, einen harten, flachen Schuss in die linke untere Ecke, vergeblich wirft sich der Torwart, streckt seine Arme, seine Hände, der Ball fliegt unhaltbar in das Tor. Tor! Tor!! schreien die Zuschauer. Tor!!! brüllen die deutschen Spieler, Tor, Tor, ruft Tomaschek über den Platz, so laut er kann, seine heisere Stimme, sein pfeifender Atem und rudert so heftig mit den Armen, dass die Leute zur Seite springen auf dem Ringplatz und kopfschüttelnd ausweichen. 1:0 für die deutsche Mannschaft, das ist die Revanche für 1933. Seine alten

Turner- und HJ-Freunde umarmen ihn, einer springt auf seinen Rücken, andere ziehen ihn zu Boden, wir wissen doch, dass du uns nicht enttäuschst, unser bester Mann! Ossi grinst von einem Ohr zum anderen, der Apotheker wiehert wie ein Pferd und Bellmann küsst ihn vor lauter Begeisterung auf die Stirn.

Anstoß für die tschechische Seite, dieses Mal haben sie keine Chance, mit diesen Spielern nicht. Nur Hadrava könnte gefährlich werden. Und die Bäume. Woher kommen denn plötzlich die Bäume auf dem Spielfeld? Wie habt ihr denn das Feld abgesteckt? Wer hat das gemacht? He, Honza! Aber der humpelt, liegt am Boden und hält sich ein Bein. Nein, das war nicht Tomaschek, das würde er nicht machen. Der Schiedsrichter pfeift. Elfmeter. Die deutschen Spieler protestieren. Tomaschek läuft zu Hadrava, wer war das? Hau ab, ruft Honza, deine tollen Freunde! Elfmeter. Ein Spieler legt sich den Ball zurecht. Langsam geht er zurück, um Anlauf zu nehmen. Es ist atemlos still. Auf allen Bäumen sitzen Jungen, deutsche und tschechische Jungen, die auf das Feld herunterstarren, ein Kopf neben dem anderen, wie rote Äpfel, wie gelbe Melonen. Aber das ist doch, das geht doch nicht, was macht denn der Musil in der tschechischen Mannschaft, he Cyril, du bist doch viel zu alt für die Jugend, was machst du überhaupt hier, du bist kein Fußballspieler, das ist unfair, hau ab, hol deine Schi aus dem Keller, schau, dass du dir die Medaille holst, die du in Garmisch verpasst hast, hau ab, hörst du, du hast hier nichts zu suchen, sonst holen wir den Gustl in unsere Mannschaft, den Berauer, der hat's dir vorgemacht, Weltmeister 1939, den kennst du doch, der zerfetzt euch das Tor! Aber Musil reagiert nicht, er läuft, zögert, läuft und schießt unhaltbar in die rechte obere Ecke des Tors, während der Torwart in die linke Ecke hechtet. Frenetischer Jubel, das Feld, der Baumgarten eine einzige Echokammer, Tor!, Tor!!, *Gól!!!,*

Gól!!!! Von allen Seiten und Richtungen, von allen Bäumen, aus allen Fenstern: 1:1! Äpfel und Melonen fallen von den Bäumen und rollen auf das Spielfeld.

Anstoß für die deutsche Seite. Quer über das Feld keucht Tomaschek, über den Ringplatz, auf den Brunnen zu, auf die Brunnenmaske, die ihn höhnisch angrinst. Das soll der Schiedsrichter sein? Das ist kein Schiedsrichter, das ist eine Lachnummer, der Lichtenecker, nein, ein Tscheche ist das, der Michálek, der Házl, der Lukeš, immer hässlicher, immer boshafter starrt ihn die Fratze an. Das ist doch ... kreidebleich wird sein rotes Gesicht, Tomaschek stolpert, verliert den Ball. Das ist doch der Holub, der ihn da höhnisch anstarrt, der Lenka umgebracht hat, oder war es doch Honza, nein, der war es nicht, der hat geschworen, das ist doch faul, faul, aus allen Fenstern beugen sich Menschen und schreien auf den Platz herunter: Faul! Faul!! Einen Augenblick lang weiß Tomaschek nicht, wo er sich befindet, das ist doch der Baumgarten, das Feld im Baumgarten, nein, das ist der Ringplatz, der Hauptplatz mitten in der Stadt, der Baumgarten, der Ringplatz! Er taumelt, er fängt sich, jetzt geht es um alles, Holub, der Lenka auf dem Gewissen hat, wie gut, das Tomaschek den Revolver dabei hat. Im Laufen holt er ihn aus dem Rucksack, den er gleich darauf verliert, wer spielt ihm da den Ball zu, jetzt braucht er doch keinen Ball mehr, ganz alleine hastet er auf das tschechische Tor zu, den Revolver in der erhobenen Hand, warte nur, ich erwisch dich, quer über den Platz jagt er Holub nach, läuft Tomaschek den Spielern davon, die ihn rufen und rufen, immer lauter ihre Stimmen, ihre Rufe und Schreie, ein einziger weithin über den Platz hallender, pfeifender, schriller Ton, rasselnd und scheppernd sein Atem, sein Keuchen quer über den Platz auf das Eckhaus zu, auf das Mallnerhaus mit den Damenhüten und den grünen Fensterläden im dritten Stock mit den

Lamellen, durch die der blaue Himmel durchschimmert, die Sonne, der Mond, da hat sich Holub versteckt! Der Feigling, das Schwein, ich seh ihn doch hinter den Ritzen, seinen Schatten, seine Silhouette, darauf schießt Tomaschek, einmal, zweimal, bis das Magazin leer ist, bis er stolpert und stürzt, bis ihn Hände festhalten, seine Füße und Arme auf das Pflaster drücken, bis Samson mit seinem Löwen vom Brunnen steigt, der ist ja verrückt, der ist gefährlich, bis sich alles vor seinen Augen dreht und dunkel wird.

Mai 1991

Das Gartenhaus

Die alten dunkelbraunen Holzbänke der Weizbergkirche mit ihren schwarzen Kerben und ovalen Namensschildern längst verstorbener Kirchbesucher, nie waren Thomas diese Bänke so bewusst geworden wie jetzt, da er in einer von ihnen saß. Als ob sich die ganze Trauer in ihnen abgelagert hätte, die Trauer unzähliger Menschen, das Gewicht ihrer Körper und Sorgen, so füllten sie starr und sperrig das Kirchenschiff, zwei eng aneinandergerückte Reihen von Kirchenbänken, zwischen denen ein schmaler Gang verlief.

Ganz vorne in dem Gang stand die Lafette mit dem Sarg ihres Vaters. Auf dem Altar brannten die Kerzen, dahinter hatte Pater Benedikt Platz genommen, der ein Cousin seiner Mutter war, hinter dem Stehpult sein Bruder Andreas, der das Evangelium las. Andreas hatte die Stimme von ihrem Vater geerbt, es war nahezu die gleiche hohe Stimme, nur die akustischen Kanten waren nicht so scharf, hatten etwas Weiches, Glattes, das jetzt durch ein kaum wahrnehmbares Zittern aufgeraut schien. Thomas konnte sich der Vorstellung, seinen Vater noch einmal, ein letztes Mal zu hören, nicht entziehen. Das war die Stimme seines Vaters, die da zu ihm sprach, sich zu ihm herunter neigte. Während die Stimme das Kirchenschiff durchdrang und die Botschaft des Evangeliums verkündete, spaltete sich auf ihrer Unterseite eine Klangschicht ab, die nur wenige Bankreihen weit reichte und vor Thomas zu Boden stürzte. Das war die andere, die eigentliche Stimme seines Vaters, die sich hell und hart in sein Gedächtnis bohrte.

Du willst ein Wandervogel sein, hörte er ihn sagen? Mit blutender Nase und verheulten Augen war er zuhause angekommen, den Schulranzen unter dem Arm, beide Träger abgerissen. Wozu hat ein Mann seine Fäuste, wenn er sie nicht gebrauchen kann? Kein Wort des Trostes, nur Spott und Verachtung, wie jedes Mal, wenn er eine Schwäche zeigte, wenn ihm ein Fehler unterlief, als ob er seinen Vater damit beleidigte. Damals, als er in einem Gasthaus sein Glas so ungeschickt umstieß, dass der Saft einer fremden Frau auf den Rock tropfte.

So pass doch auf! Nicht einmal ausgehen kann man mit Dir! Wie hatte sich sein Vater aufgeregt und ihn tatsächlich ein halbes Jahr lang nicht mehr mitgenommen. Die Stimme seines Bruders, der dort oben die Worte des Evangeliums las, war der akustische Träger einer anderen Botschaft, die allein ihm galt, der letzte Gruß eines Mannes, der sich noch als Toter der Stimme eines Lebenden bediente.

Als Andreas in die Bank zurücktrat, änderte sich schlagartig die Stimmung. Das Licht verdüsterte sich merklich, eine Spannung erfüllte die Luft, die bis zu den hintersten Bänken zu spüren war. Die Kerzen begannen zu flackern, irgendwo musste eine Luke offenstehen. Als ob die veränderte Atmosphäre eine innere Luke geöffnet hätte, konnte Thomas seinen Vater vor sich sehen, auf einem wurzelreichen Waldweg des Bayerischen Walds, und auf einmal glaubte er, den Grund für seinen plötzlichen Aufbruch zu kennen, nicht nur zu kennen, sondern buchstäblich zu sehen, als ob sich die düstere Atmosphäre noch weiter verdunkelte und die Dunkelheit zu einem Gegenstand verdichtete, der schwarz und schwer vor seinen Augen lag.

Was wussten sie schon von ihrem Vater, was hatte er ihnen erzählt, von Budweis, vom Krieg, von der Vertreibung? Nichts wussten sie, nichts hatte er erzählt. War er Soldat? Natürlich war er Soldat gewesen. Womöglich bei der SS, womöglich hatte er etwas mit Tschechen, mit Juden gehabt. So weit Thomas zurückdenken konnte, vermochte er sich an kein antitschechisches oder antisemitisches Wort erinnern, aber auch an keine freundliche Äußerung. Ein Panzer des Schweigens lag über der Vergangenheit, als ob alle Gefühle und Erinnerungen erstarrt wären. Und doch muss mitten in dieser Erstarrung etwas lebendig geblieben sein, das ihrem Vater keine Ruhe gelassen hatte, von dem er sich bedroht fühlte. Sollte er deshalb den verhängnisvollen Revolver mitgenommen haben? Thomas war von dem Gedanken so durchdrungen, dass er weder von dem Fortgang der Messe, noch von dem anrückenden Gewitter etwas merkte. Erst als ein rollender Donnerschlag über die Kirche wegging und im Inneren einen dumpfen Nachhall erzeugte, wachte er aus seinen Gedanken auf. Pater Benedikt stand halb über den Altar gebeugt, die Hostie in seinen Händen. Vor und neben Thomas knieten die Trauergäste in den Holzbänken. Deshalb hatte er einen Revolver mitgenommen, zuckte es noch einmal durch seinen Kopf, weil er sich rächen wollte. Oder weil er sich schützen wollte?

Tut dies zu meinem Gedächtnis ... Pater Benedikt hob die Hostie mit beiden Händen in die Höhe. Gleichzeitig zu dem Schellen der Ministranten zog ein zweiter Donnerschlag über die Kirche, lauter und fordernder als das erste Mal. Und aus dem nachlassenden, in Wellen schwächer werdenden Donnergrollen stieg der helle Klang der Glocken, die in gleichmäßigen Schlägen die Wandlung anzeigten und die düstere Stimmung wie in einem alten Gemälde mit einem akustischen Silber umrahmten ...

*

Die letzten Tropfen fielen so leicht und sanft, dass Andreas sie nicht mehr spürte, als er hinter dem Sarg herschritt. Vor dem Portal der Kirche hatte sich der Trauerzug formiert, vorneweg Pater Benedikt und die Ministranten, hinter dem Sarg Thomas, Andreas und ihre Mutter, gefolgt von Verwandten und Bekannten. Auch der Wirt vom Steirischen Jockl war mit seiner Frau gekommen. Den Hut in der Hand hatte er ihre Mutter angesprochen:

Es tut mir so leid, Frau Tomaschek, wenn ich das nur gewusst hätte, dann wäre ich früher hinauf gefahren, dann hätte ich Ihren Mann vielleicht noch retten können ...

So zogen sie an der Kreuzwegstiege und den Schaukästen mit den Hochzeitsfotos vorbei. Stockend und schwer ging ihre Mutter zwischen ihnen, jeder Schritt ein leichtes Zögern, ein Stück Vergangenheit und Endgültigkeit. Wo der Weg zum Friedhof abbog, führte eine Birnbaumallee zu einer Wiese hinauf, direkt auf den grauverschleierten Himmel zu. Unter dem ersten Baum hatten sich zwei ältere Frauen mit bleichen Kopftüchern und grauen Strickjacken untergestellt, die sich bekreuzigten, als der Sarg sie passierte.

Und je länger Andreas dem Sarg in die üppige Frühlingslandschaft hinein folgte, die alle Gerüche und Stimmen aufzubieten schien, um dem Tod die kalte Schulter zu zeigen, umso mehr empfand er Mitleid mit seinem Vater, der so plötzlich Abschied nehmen musste, der in seiner alten Heimat etwas gesucht und nicht gefunden hatte, etwas, das auf seine Lösung, seine Erlösung gewartet hatte und so tief in ihm saß, dass er darüber vollkommen aus dem Gleichgewicht geraten war. Wie sonst wäre es zu erklären, dass er ein Gebetsbuch mitgenommen hatte, er, der niemals betete, niemals in der Bibel blätterte, der nur, um ihre Mutter nicht zu kränken, zu Weihnachten und Ostern in die Kirche mitgegangen war?

Der Leichenzug bog in den Friedhof ein, der wenige Meter unter der Kirche auf dem Weizberg liegt, so dass die Toten auf die Lebenden von Weiz hinunterblicken, die Lebenden bei jedem Besuch zu den Toten hinaufsteigen müssen. Entlang einer Steinmauer reihen sich hier die Gräber alteingesessener Familien, deren Grabsteine von Haus- und Hofbesitzern der Jahrhundertwende erzählen, von Sägewerk- und Mühlenbesitzern, Gastwirten und Kaufleuten. Ihnen gegenüber erstrecken sich mehrere Reihen von Soldatengräbern mit kleinen grauen Kreuzen, auf denen Namen und Lebensdaten verzeichnet sind, auf einigen nur die Namen, andere sind vollständig leer. Neben einer Grabstätte an der Mauer, die mit weißem Kies bedeckt und mit schwarzen schmiedeeisernen Ketten eingezäunt ist, befinden sich die Gräber der Familie Pichler, wie Andreas Mutter mit Mädchennamen hieß. Hier wartete eine frisch ausgehobene Grube auf die Trauergäste, daneben Kränze, Blumen und ein Kessel mit Weihwasser.

Als der Sarg in das Grab hinuntergelassen wurde, drückte Andreas' Mutter seine Hand und ließ sie nicht mehr los. Unmöglich, in diesem Augenblick ein Wort zu sagen. Unterhalb dieses Gefühls aber, das ihm den Hals zusammenschnürte, empfand Andreas eine seltsame Teilnahmslosigkeit. Er registrierte, wie sich seine Mutter bückte, nach der Schaufel griff und Erde in die Grube kippte, dreimal Erde, die polternd auf den Sarg fiel, wie sie kurz stehenblieb und schließlich mit einer Bewegung, die mehr ein Erschlaffen als ein Werfen war, den Rosenstrauß, den sie die ganze Zeit in der Hand gehalten hatte, in das Grab gleiten ließ. Nach seinem Bruder war Andreas an der Reihe.

Vater, dachte er, Väterchen, Du hast etwas gesucht, ich weiß es doch, wie der ungläubige Thomas, und der Leib Jesu, das war für Dich der böhmische Wald, nicht wahr, der Böhmerwald, und seine Wundmale, das sind die zerstörten Dörfer und Friedhöfe, die verschwundenen Gesichter und Stimmen, nach denen Du gesucht hast, so war es doch, all die Jahre, auf unseren Wanderungen und jetzt bei Deiner letzten Wanderung, die verschwundenen Gesichter und Stimmen, zu denen Du nun selber gehörst, Deine Stimme und Dein Gesicht ...

Im Gasthaus Eder gegenüber der Weizbergkirche war ein Nebenraum für die Trauergäste reserviert. Wie ein Kind, dachte Thomas erstaunt, der seine Mutter von der Seite betrachtete, während die Kellnerin die Speisekarten verteilte, wie ein Kind sieht sie aus, dem man gerade etwas Unbegreifliches zu erklären versucht hat. Als er ihr die Karte weiterreichte, merkte er, dass sie ihn gar nicht wahrnahm, dass ihre Augen zum Fenster gewandert waren und durch die beschlagenen Scheiben ins Leere blickten.

Erst als die Kellnerin sie mit gedämpfter Stimme nach ihren Wünschen erkundigte, kam wieder Leben in ihr Gesicht. Und so wie sich die Blicke ihrer Mutter belebten, so kam auch Leben in die Unterhaltungen an den Tischen. Die Stimmen wurden kräftiger, die Pausen kürzer, Gläser stießen zusammen und dampfende Suppenteller fand ihren Platz vor den Trauergästen. Wie ein Gerüst wuchsen die Gespräche in die Höhe, Satz für Satz eine Stütze bildend, an die sich die wunden Gefühle anlehnen konnten. Beim Hauptgericht hatte das Gerüst bereits eine solche Breite und Höhe erreicht, dass es den ganzen Raum ausfüllte und die Trauer immer mehr aus den Gesichtszügen wich. Bei der Nachspeise hörte Andreas ein erstes Gelächter vom Nebentisch, verhalten zwar, aber unverwechselbar fröhlich. Und als er zu dem Tisch hinüberschaute, standen ihm zwei lachende Theatermasken vor Augen, als ob sie sich von den Gesichtern gelöst und in der Luft hängen geblieben wären.

Auf der Toilette wurde er Zeuge eines Gesprächs zweier Männer, die glaubten allein zu sein, zwei Jugendfreunde seines Vaters, von denen er den einen seit Kindesbeinen Onkel Ossi, den anderen Onkel Bernhard nannte.

Erinnerst du dich noch, sagte Bernhard, wie er einmal Heimaturlaub hatte, gerade als wir für den Abtransport der Juden zuständig waren?
Und ob ich mich erinnere, antwortete Ossi, er wollte, dass wir eine Jüdin laufen lassen, und bot mir sogar Geld dafür, der Wahnsinnige.

Das hätte ihn das Leben kosten können.

Er konnte von Glück reden, dass ich ihn nicht angezeigt habe.

Das hättest du getan?

Verpflichtet wäre ich gewesen.

Einen alten Wandervogelfreund?

Eben, deshalb habe ich die Sache schnell vergessen, und Zeugen gab es nicht.

Außer mir.

Außer dir, Bellmann.

Die Trauergesellschaft begann sich aufzulösen. Einige Gäste tauschten ihre Plätze, andere gingen vor die Tür, und Andreas hatte immer stärker das Bedürfnis, noch einmal in die Stadt hinunterzulaufen, zu dem alten Garten der Großeltern. Thomas, der die Unruhe von Andreas bemerkte, winkte ihn an einen freien Tisch.

Nicht abhauen, ja!

Andreas lachte, sein Bruder hatte ihn durchschaut.

Keine Angst, ich frag mich nur die ganze Zeit, was er da drüben gewollt hat.

Das weißt Du nicht? Einen Schatz wollte er heben.

Mach dich nur lustig.

Thomas beugte sich über den Tisch:
Und wozu, glaubst Du, hat er all die Sachen mitgenommen, Taschenlampe, Karten, Spaten und diesen

unglückseligen Revolver? Hältst Du das vielleicht für normal?

Nein, das war überhaupt nicht normal. Andreas hatte sich immer wieder gefragt, wozu sein Vater diese Sachen dabei hatte. Immer wieder hatte er ihn sich vorgestellt, seine schmale Gestalt, den geöffneten Rucksack an einen Baum gelehnt, mit dem Klappspaten die Erde aufstechend. Wo könnte das gewesen sein? In einer Gartenecke in Budweis, hinter einem Grabstein in Lagau, neben einem Wegkreuz? Aber er konnte sich keinen Ort vorstellen, nur die gebückte Gestalt seines Vaters, sein angespanntes Gesicht, den Schweiß auf seiner Stirn. Ein Bild, das sich immer wieder aufdrängte, das er immer wieder wegwischte. Der Verdacht aber ließ sich nicht wegwischen, dass sein Vater all die Jahre, eine Absicht mit sich herumgetragen hatte, ohne auch nur eine einzige Andeutung zu machen. Allerdings: Hatte er bei ihren Wanderungen nicht immer irgendein Werkzeug mitgenommen, Allzeit-Bereit-Werkzeug, wie er in Anspielung auf Andreas Pfadfinderfreunde gesagt hatte? War nicht das Gebetsbuch viel ungewöhnlicher, ja das eigentlich Ungewöhnliche sogar?

Darüber solltest Du Dir Gedanken machen, sagte er zu Thomas.

Was für ein Gebetsbuch?

Weißt Du das nicht? In seinem Rucksack. Ich hab es selber ausgepackt.

Ein Gebetsbuch? Er wird doch nicht plötzlich fromm geworden sein?

Das ist ja das Eigenartige. Und da ist noch etwas.

Ein Rosenkranz?

Nein, ein Heiligenbild.

Na und?

Mit einem Spruch hinten drauf.

Was für ein Spruch?

Oder ein Gedicht. Magst du es nicht sehen? Ich hab das Bild dabei.

Offen gesagt, nein. Das interessiert mich nicht. Thomas Gesicht hatte einen abweisenden Ausdruck angenommen, der Andreas unsicher machte.

Ich meine, es könnte uns vielleicht helfen …

Soll ich Dir was sagen, diese ganze Scheiße kotzt mich an!

Wie bitte?

Tschechisch, sudetendeutsch, böhmisch, das ist doch alles der gleiche Dreck!

Andreas konnte sich keinen Reim auf die heftige Abneigung seines Bruders machen:

Ich glaub, ich versteh Dich nicht.

Nein? Es ist doch alles schon peinlich genug. Unser Vater geht heimlich über die Grenze, ballert in einer wildfremden Stadt mit seinem Revolver herum ...

Fremd war sie gerade nicht für ihn.

Wie ein Westernheld! Wie ein SS-Mann, und das sag ich Dir, das bekomm ich heraus!

Aber wir wissen doch gar nichts von ihm.

Bei der SS ist er gewesen!

Unsinn! Gesucht hat er etwas.

Eine alte Rechnung wollte er begleichen, darum ist er hinüber.

Irgendetwas, das ihn nicht losgelassen hat.

Nachtragend ist er schon immer gewesen.

Du hast ihn in den letzten Jahren gar nicht gesehen.

Der alte Nazi.

Hat er jemals ein Wort zu ihren Gunsten gesagt?

Hat er jemals ein Wort gegen sie gesagt?

Er hat überhaupt nie viel gesprochen. Das gehörte zu seinen Prinzipien.

Prinzipien, Ehre, Disziplin, genau!

Weißt du, was ich glaube?

Von mir aus kannst Du glauben, was du willst.

Er ist nicht weggegangen, er ist heimgegangen, das ist der Punkt.

Jetzt werde bloß noch sentimental.

Nein, hör doch: Das war eine Art Heimkehr.

Gut, dann ist er also heimgekehrt, und wir brauchen darüber nicht weiter zu diskutieren.

Willst du das Bild wirklich nicht sehen?

Nein, Bruderherz, ich will damit absolut nichts mehr zu tun haben.

Dann werde ich es bei mir behalten.

Mach damit, was Du willst.

*

Andreas rannte über den Kirchplatz, er rannte durch das Tor in der Mauer, stolperte die Steinstiege hinunter und lief auf dem Kiesweg weiter, zwischen Büschen und Bäumen, an den alten Kreuzwegstationen vorbei. Er sah und hörte kaum etwas, nur seinen keuchenden Atem, ein grünes Huschen, das Knirschen seiner Schuhe auf dem Kies. Er konnte nicht aufhören zu laufen, so sehr ihn die Lungen auch schmerzten, er musste laufen, alles hinauslaufen, die harte ablehnende Stimme seines Bruders, die lachenden Trauergesichter, die polternden Erdklumpen, die suchende Hand seiner Mutter, den üppigen Wiesen- und Blütengeruch, die bleichen Kopftücher der alten Frauen, alles tanzte in seinem Kopf und schmerzte in seiner Brust. Nur weiter, keuchte er, keine Pause, noch eine Stiege, eine Kreuzwegstation, die flackernden Kerzen, die dunklen Kirchenbänke, die hellen Glocken, da war der Weg zu Ende, das Laubdach verschwunden, keuchend und hustend blieb er stehen, seine Brust ein einziges Heben und Senken, im Mund ein bitterer Geschmack, der Speichel auf der Zunge, den er immer wieder ausspuckte, bis sich der Atem legte, das Pochen im Hals, bis die Straße zu zittern aufhörte.

Dann setzte er den Weg fort, den Ausläufer des Weizbergs hinunter, links und rechts Obstgärten, den

Blick über die Bäume bis zu den Gebäuden der Elin und zur Taborkirche. Wie oft war er hier mit seinen Großeltern gegangen, als die Straße noch nicht geteert war und einfach Weizberggasse hieß. Wo ein lebensgroßes Kruzifix den Verlauf des Gartenzauns unterbricht, war jahrelang eine halbzerfallene Laube gestanden, hinter ihr in einer verwilderten Wiese ein großer nahezu quadratischer Erdaushub. Neben einem flachen Schuppen waren Ziegelsteine aufgeschichtet, zwischen denen Löwenzahn und Brennnessel wucherten. Da hatte einmal das Haus seiner Urgroßeltern gestanden, eines der wenigen Häuser von Weiz, das bei einem Bombenangriff während des Zweiten Weltkrieges zerstört worden war. Jahrelang war er an dem Bombenkrater vorbeigegangen. Jetzt stand längst ein anderes Haus auf dem Grundstück, Krater, Ziegel und Laube waren verschwunden, ein gepflegter Rasen bedeckte die Vergangenheit, lediglich das Kreuz behauptete seinen Platz.

Und der Obstgarten auf der anderen Seite der Straße, das Ziel seiner Atemlosigkeit. Auch hier war der alte Zaun, der aus silberverwitterten Holzlatten eine mannshohe Sichtblende gebildet hatte, längst durch dunkelbraun gestrichene Latten ersetzt worden. Nur die beiden Flügel des alten Tores standen noch, das Tor mit dem blechbeschlagenen Schlüsselloch, eingehüllt in den Geruch wildwuchernder Buchsbaumstauden. Hier zwischen den beiden Stauden hatte ihnen der Vater einmal die geballten Fäuste hingehalten.

Wenn Ihr sie aufkriegt, gehören sie Euch!

Ein Fünf-Schilling-Stück in jeder Faust, genau der Betrag, den sie brauchten, um sich oben bei den Ständen vor der Kirche einen der begehrten Feitl zu kaufen. Sie hingen an den Armen ihres Vaters, drückten, zerrten und rissen mit aller Gewalt an seinen Fäusten. Aber keiner bekam sie auf, keiner brachte die Finger auch nur ein Stück auseinander. Bis sie sich von selbst öffneten und ihre Schätze unter einem zweistimmigen Jubelschrei preisgaben. So konnte er sein, ihr Vater, so hatte sich der Buchsbaumgeruch in der Erinnerung mit den glänzenden Geldstücken verbunden.

Andreas schwang sich über das Tor, da er keinen Schlüssel dabeihatte. Hier im Garten kannte er jeden Winkel, doch wie hatte sich alles verändert: Die Apfelbäume, mittlerweile so alt und heruntergeschnitten, dass sie wieder ganz klein waren. Das im Gras versunkene Wasserbecken mit den moosüberwachsenen Stufen und der verrosteten Haltestange. Das verfaulte Fass unter dem Wasserhahn, das längst kein Wasser mehr zu halten vermochte. Jeder Baum, jeder Busch steckte voll Erinnerungen. Nach wenigen Schritten durch das ungemähte Gras waren Andreas' Schuhe durch und durch nass. Der Flieder vor der Hütte war so groß und breit gewachsen, dass er den Gartentisch und die beiden Holzbänke fast vollständig umschlossen hielt.

Hier hatte die Großmutter die Jause serviert, Zitronentee aus der Thermoskanne geschüttet, den sie mit braunem Zucker süßte, und Kipfel, die sie der Länge nach durchschnitt und mit Butter und Marmelade bestrich oder einfach in den Tee eintunkte, wenn sie schon härter waren. Hier waren seine Mutter und seine Großmutter gesessen und hatten Schoten geschält, eine weiße Schüssel zwischen sich, aus der ein Berg grüner Erbsen wuchs. Hier hatte sein Großvater mit dem Klappmesser Schinken aufgeschnitten und dünne Scheiben auf das Brot gelegt, das er sich langsam kauend schmecken ließ. Jetzt verdeckte der Flieder selbst die Erinnerungen. Große violette Blütendolden ragten aus dem Blättermeer und verströmten einen intensiven Geruch. Der Tisch, der auf einem einzigen Baumstamm ruhte, hatte eine solche Neigung angenommen, dass keine Erbse mehr auf ihm liegen bliebe. Die oberste Schicht der Tischplatte war aufgesprungen und blätterte ab. An einigen Stellen war die Linoleumbespannung noch zu erkennen. Den Rest hatten Regen, Sonne und Schnee aufgelöst.

Nun stand Andreas vor dem Gartenhaus, vor seinem Haus, wie er sich oft ausgemalt hatte, wenn er am späten Nachmittag allein oder mit seinem Bruder noch im Garten bleiben durfte, während seine Großmutter bereits zur Wohnung zurückgegangen war, um das Abendessen vorzubereiten. Er schaute über die Holzlatten zu dem flachen Blechdach hinauf, über dem sich die Äste eines Kirschbaumes ausbreiteten. Einmal im Juni waren sie alle dort oben gestanden, sein Vater, sein Onkel, sein Bruder und er. Das Blech hatte bei jedem Schritt geknackt, wenn sie sich streckten und die überreifen Kirschen von den Ästen pflückten. Nirgendwo sonst waren die Kirschen so groß, so rot und so süß wie über dem Blechdach des Gartenhauses im Großelterngarten. Zwischen den Blättern hingen schwarze Katzenköpfe aus Blech, deren Glasaugen angriffslustig funkelten. Kein Vogel wagte sich in ihre Nähe. Andreas erinnerte sich an das leichte Schwindelgefühl, das er empfand, wenn er sich dem Rand näherte und in den Garten hinunterschaute. Doch die Neigung war so klein, dass nicht die geringste Gefahr bestand. Kein Vogel war zu sehen und keine Kirsche. Der Baum war längst der Säge zum Opfer gefallen, die Wände des Hauses waren dunkelbraun überstrichen worden und wieder gebleicht.

Doch sonst war alles noch da: Die schmale überdachte Holzveranda, zu der zwei Steinstufen hinaufführten, das dünne Geländer, an dem sich ein Rosenbusch zum Dach hinauf rankte, der Holztisch, unter dem die Gartenschuhe des Großvaters standen, und ein Liegestuhl, dessen gelbbrauner Bezug über einen Stahlrahmen gespannt war. Andreas zog die Schublade des Tisches heraus und fand den Schlüssel an seinem gewohnten Platz neben den Samentüten. Ein letztes Mal, sagte er sich, das Gefühl war so stark, dass er es wie eine Gewissheit empfand, ein letztes Mal trat er in das halbdunkle Gartenhaus und war wie betäubt von dem Geruch seiner Kinderjahre.

Direkt gegenüber der Tür stand der alte naturholzbraune Schrank, auf dem zwei Strohhüte verstaubten, rechts neben der Tür der Tisch, auf dem noch Lavendelzweige und Walnüsse vom vergangenen Jahr lagen. Darüber hing eine Lampe, deren Schirm einen Reigen ausgesägter Märchenfiguren bildete: Schneewittchen und die sieben Zwerge, Rotkäppchen, Froschkönig und Daumesdick. In einer Nische neben dem Tisch stand die alte Couch mit ihrem braunen, von den Jahren fleckig gewordenen Überzug. In der Ecke zwei braune Kissen. An der Wand Kukuruzstriezel und Bilder vom Grazer Bergland, zwei Fotografien, die den Hochlantsch zeigten, einmal im Winter und einmal im Sommer, dazwischen das Gasthaus Unterberger auf der Brandlucken. Da waren sie noch anwesend seine Kindheitsjahre, die steirische Herkunft seiner Mutter, verblichen und verstaubt wie das ganze Haus, voll von Gerüchen, in denen die Jahre aufbewahrt waren.

Wie oft waren sie hier gesessen und hatten gesungen, seine Mutter mit der Zither, seine Großeltern mit verträumten Gesichtern: *Fein sein, beinander bleiben, Der Summer is aus, i muaß abi ins Tal ...* Und wenn sie das Dachsteinlied anstimmten, die steirische Landeshymne, und Thomas aus *wo der Aar noch haust* wieder *wo's dem Aar so graust* machte, dann überfiel ihn jedes Mal ein Lachreiz, den er selbst jetzt aus der Erinnerung aufkeimen spürte.

Andreas setzte sich auf einen Stuhl und atmete die Luft ein, als ob er sie für immer in sich aufnehmen müsste. Durch die herzförmigen Ausschnitte der zugezogenen Fensterläden fielen zwei Lichtsäulen, in denen der Staub tanzte, bis auf den Boden. Es roch nach Harz und Holz, nach Äpfel und Lavendel, nach alten Stoffen und längst vergangenen Sommern, eingefangen und aufbewahrt in dem Dämmerlicht des Gartenhauses.

Auf der anderen Seite des Tisches saß Andreas' Vater, die Haare nass gekämmt, ein Geruch von Birkin-Wasser, das Gesicht braungebrannt, der hagere Oberkörper in ein kurzärmeliges Hemd gehüllt, aus dem seine behaarten Arme ragten. Ein zweiter Geruch mischte sich mit dem Birkin-Wasser, der Duft nach frisch aufgebrühtem Kaffee. Sein Vater beugte sich über den Tisch und schenkte sich eine volle Tasse ein. Er war so gut gelaunt, dass selbst seine Hände zu schmunzeln schienen. Die Sonne stand funkelnd am Himmel. Ein leichter Wind wehte vom See herauf. Ja, da war ein See, ein großes gelbes Haus mit grünen Fensterläden, weißer Kies unter den Tischen und ein Blick, der über den Hang des Obstgartens bis zum Ufer hinunterrollte.

Andreas kannte den See gut. Oft hatten sie hier Urlaub gemacht, er kannte das Haus und den Frühstücksplatz mit dem weißen Kies. Und er wusste, was im nächsten Augenblick geschehen, wie sich sein Vater über den Tisch beugen und ihm etwas zuflüstern, wie sein Gesicht dabei einen unnachahmlich schalkhaften Ausdruck annehmen und seine Stimme noch eine Spur höher werden würde:

Ich glaube, ich hab da was für Dich. Dreimal darfst Du raten!

Andreas liebte seinen Vater. Er liebte ihn so sehr, dass er selbst nach der Beerdigung, hier im Dämmerlicht des Gartenhauses, in das er geflohen war, die Tatsache seines Todes nicht zu fassen vermochte. Lange saß er auf dem Stuhl, ohne sich zu rühren, den

Blick auf die Lichtsäulen gerichtet, in denen sich der Staub drehte. Endlich gab er sich einen Ruck, trat an die Fensterläden, zog die Haltestangen aus den Ösen und ließ das Tageslicht herein.

Adalbert Stifter

Der Hochwald

Vitalis

Mit Illustrationen
von I. M. Kaiser und
einem erläuternden Nachwort
von Harald Salfellner,
168 Seiten, 13 x 21 cm,
gebunden, Fadenheftung,
Lesebändchen,
Schutzumschlag.

ISBN 978-3-89919-502-6

€ 14,90 (D) • € 15,20 (Ö)

In seiner Meistererzählung *Der Hochwald* schildert Adalbert Stifter das Schicksal zweier Schwestern in den Tagen des Dreißigjährigen Krieges. Auf väterliches Geheiß suchen Johanna und Clarissa Zuflucht in der Einsamkeit tiefer Wälder, denn die Zeiten sind unsicher und am Horizont wetterleuchtet es bedrohlich. Da fahren die Schauder des Krieges in den Doppeltraum von Jugend und erster Liebe und ein unerbittliches Schicksal nimmt im Hochwald seinen Lauf.

Adalbert Stifter

Märchen, Sagen und Legenden

Vitalis

Durchgehend farbig illustriert von Lucie Müllerová, 80 Seiten, 17 x 22,5 cm, Halbleinen mit Goldprägung, Fadenheftung, Lesebändchen.

ISBN 978-3-89919-573-6

€ 19,90 (D) • € 20,50 (Ö)

Als jede Flußbiegung, jeder Berggipfel und jeder Kirchturm noch seine eigene Geschichte zu erzählen wußte, als Glücksritter und Pechbrenner durch die böhmischen Lande zogen und in den Wäldern Teufel und Wichtel hausten – von diesen Tagen erzählte der Großvater in stillen Stunden seinem Enkel Adalbert. Noch in reifen Jahren schöpfte Stifter seine Stoffe aus diesem ergiebigen Quell und hielt die Landschaft seiner Kindheit in poesievollen Bildern fest. Wer läßt sich nicht gern an die Hand nehmen, wenn der Urahn leise anhebt: „In allen diesen Wäldern und in allen diesen Ortschaften hat sich einst eine merkwürdige Tatsache ereignet...!"

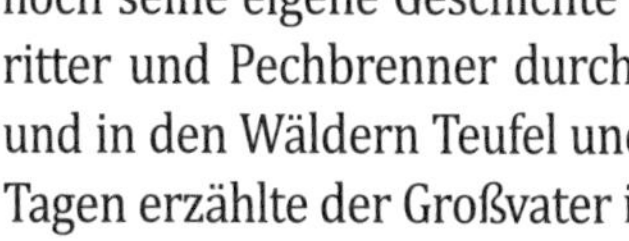

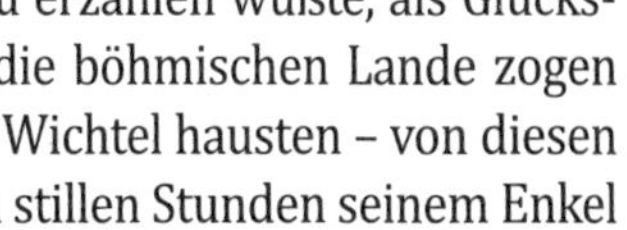

Hartmut Binder

Gestern Abend im Café

Kafkas versunkene Welt der Prager Kaffeehäuser und Nachtlokale

Vitalis

Mehr als 1000 Abbildungen, 688 Seiten, 19,5 x 26 cm, gebunden, Fadenheftung, Lesebändchen, Schutzumschlag.

ISBN 978-3-89919-460-9

€ 79,90 (D) • € 82,30 (Ö)

Gestern abend im Café entführt den Leser in die versunkene Welt des alten Prag. Der opulente Band aus der Feder des renommierten Kafka-Forschers Hartmut Binder dokumentiert auf über 600 Seiten Vergnügungsstätten der alten Kaiserstadt in der Endphase der Habsburger-Monarchie und zu Beginn der Tschechoslowakischen Republik. Vorgestellt werden Kaffeehäuser, Weinstuben, Hotels, Chantants, Kleinkunstbühnen, Theater, Kabaretts, Kinos, Nachtclubs, Tanzbars und das berühmte Théâtre Variété sowie die in diesen Lokalitäten auftretenden, heute vergessenen Künstler und Künstlerinnen, die das Publikum mit ihren Vorführungen und ihren Reizen zu begeistern wußten. Aus Annoncen, Programmheften, Besprechungen, Berichten, Erinnerungen, Archivmaterialien und über 1000 historischen, vielfach farbigen, meist unbekannten Abbildungen ist ein Stadtporträt von exotischem Reiz entstanden, in dem die Schönen auf vergilbtem Plüsch zum Leben erwachen und so den atmosphärischen Hintergrund eines Kulturraums veranschaulichen helfen, der als Genius loci das Leben Kafkas und anderer Prager Schriftsteller bestimmte.

Was die Sternwarte von Greenwich für die Zeitmessung, das ist Binder für die Kafka-Forschung.

Stuttgarter Zeitung

Peter Lange

Prag empfing uns als Verwandte

Die Familie Mann und die Tschechen

Vitalis

Mit zahlreichen sw-Abbildungen, 384 Seiten, 13 x 21 cm, gebunden, Fadenheftung, Lesebändchen, Schutzumschlag.

ISBN 978-3-89919-703-7

€ 29,90 (D) • € 30,70 (Ö)

Im Dezember 1936 verkündet der NS-Staat die Ausbürgerung von Thomas Mann. Der Schlag der Behörden geht jedoch ins Leere – der Literaturnobelpreisträger und prominente deutsche Schriftsteller ist bereits Bürger der Tschechoslowakei, und mit ihm auch sein Bruder Heinrich sowie die meisten Angehörigen der Familie. Mit vielen, bislang unbekannten Details schildert der Journalist Peter Lange das Verhältnis der Familie Mann zu den Tschechen, er stellt die tschechischen Schwägerinnen des Nobelpreisträgers vor, analysiert die politischen und kulturellen Beziehungen zu Prag und zeichnet die Reisen in die Tschechoslowakei nach.

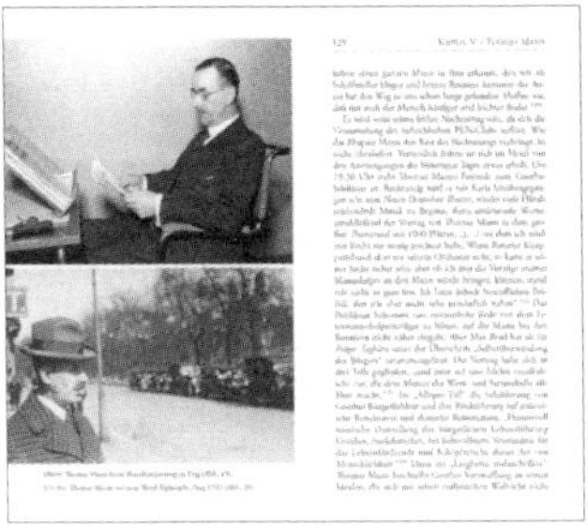